Mamá High Energy

Rocío Corson

Mamá High Energy

Rocío Corson

MAMÁ HIGH ENERGY
e625 - 2018
Dallas, Texas
e625 ©2018 por Rocío Corson

Todas las citas Bíblicas son de la Nueva Traducción Viviente (NTV) a menos que se indique lo contrario.

Editado por: **Paola Reyes**
Diseño interior y adaptación de portada: **JuanShimabukuroDesign**

ISBN: 978-1-946707-07-9

IMPRESO EN ESTADOS UNIDOS

Contenido

Cuando mi esposo y yo tenemos la oportunidad de viajar a diferentes eventos en cualquier lugar del mundo, siempre terminamos hablando con los hijos de los pastores, los adolescentes o aún los niños de las iglesias que visitamos, ¿por qué? Porque nos encanta estar con ellos. No tengo problema en decirlo en alta voz: ¡Yo creo en la siguiente generación! Y también creo en la poderosa oportunidad de ser mamá.

Durante muchos años Dios me ha permitido trabajar con las nuevas generaciones, y debo admitir que al principio en algunos casos solo veía problemas, negro, carbón, mugre y más problemas... Pero el Señor, que ve las cosas desde otra perspectiva, me permitió aprender a siempre ver su rayo de esperanza.

Algunos de los casos con los que he lidiado han sido adolescentes muy rebeldes que desafiaron mi autoridad. Algunos jovencitos llenos de ira, de frustración y de pecado; se pararon frente a mí, me mostraron que eran más grandes que yo (en estatura) y me hicieron cara hasta de pandilleros (jajaja). Tuve que aclararles que quien tenía la autoridad era yo, mientras en lo secreto oraba pidiendo el respaldo de Dios.

Recuerdo al adolescente que a los quince años me dijo que se quería casar con esa niña que tanto amaba, pero ni siquiera sabía qué era un flujo de caja o un presupuesto para mantener un hogar.

Mi mente salta también hacia esos adolescentes a los que tantas veces me tocó enseñarles que la palabra «NO» existe. Llegaron a mí sin ningún tipo de límites y tuve que decirles la famosa palabra: «¡NO!».

* * * * * * * * * * * * *

Era más fácil ser líder de jóvenes porque solo los veía una vez a la semana

* * * * * * * * * * * * *

Luego, como en un videojuego, pasé al siguiente nivel y tuve mis propios adolescentes en casa: mis hijitos. ¡Oh no! Era más fácil ser líder de jóvenes porque solo los veía una vez a la semana, pero cuando son tus hijos, ¡Viven contigo! Los tienes que ver todos los días y necesitas mucha más energía para lidiar con ellos.

Definitivamente, la etapa intermedia más laaarga que experimentaremos como papás es la adolescencia de nuestros hijos, pero si lo piensas bien, ya hemos vivido etapas así. Por ejemplo, cuando nuestros hijos se intentaban sentar y no podían, esa era también una etapa intermedia y de transición. Cuando intentaban caminar y se caían, era una etapa intermedia, y cuando por fin lograban caminar los aplaudíamos, ¡Bravo! Eso mismo va a pasar en la adolescencia. Ellos lograrán salir al otro lado con nuestra ayuda; y una vez más estaremos ahí para aplaudirlos.

La adolescencia es esa bella y tormentosa etapa en donde nuestros hijos dejan de ser niñas y niños y empiezan su aventura hacia la vida adulta.

Eso debiera emocionarnos, aunque sea difícil, porque te habrás dado cuenta. En esta época de la vida los papás debemos comportarnos como cuando eran pequeños y les enseñamos a montar en bicicleta. Nuestra mano iba sosteniéndolos a medida que lograban el equilibrio y ganaban confianza para hacerlo por sí mismos. Con el paso del tiempo, nuestra mano estará menos presente hasta desaparecer por completo y dependiendo en qué punto de la historia nos encontremos, hoy miramos esa independencia con ansiedad o con nostalgia.

Cambios y más cambios

Según la Real Academia de la Lengua Española, la adolescencia es un periodo de la vida humana que sigue a la niñez y precede a la juventud. Viene acompañada de cambios en el ámbito biológico, psicológico, sexual y social de un ser humano y te tengo…. ¡Buenas noticias! Es un «periodo» de la vida, lo que quiere decir que no va a durar para siempre. No fue enviada por el diablo, no es el «Coco» o una tragedia. ¿Te acuerdas de los casos de los adolescentes de los que te hablé? Hoy son adultos responsables, muchos de ellos están casados, tienen hijos, y lo mejor: aman a Dios con pasión y puedo confirmar que el carbón se convirtió en diamante.

Cuando mi hija tenía doce años, sentí muy fuerte que Dios me decía: «Disfrútala. ¿Qué pasaría si se casa a los veinte años y se va de casa?». En ese momento solo me quedarían ocho años para disfrutarla, ¡increíble! La adolescencia va a pasar más rápido de lo que nos imaginamos, cuando menos lo pensemos ya se habrá acabado. No perdamos el tiempo pensando que es el peor momento que hemos vivido como papás hasta ahora. Descansemos y esforcémonos, sí, para que esta etapa valga la pena y de eso se trata este libro.

¡Echemos fuera el temor! Dios está con nosotras y ama con amor inagotable. «En esa clase de amor no hay temor, porque el amor perfecto expulsa todo temor…». (1 Juan 4:18).

* * * * * * * * * * * *

La adolescencia va a pasar más rápido de lo que nos imaginamos

* * * * * * * * * * * *

No estamos solas. Dios nos rodea y nos cubre. Podemos atravesar la adolescencia de nuestros hijos con la seguridad de que todo va a estar bien porque Dios está en medio nuestro y además podemos aprender las unas de las otras.

Jesús también fue un adolescente

La Biblia narra la historia en la vida de un adolescente y sus padres que me encanta y estoy segura que a ti también te va a encantar.

«Los padres de Jesús subían todos los años a Jerusalén para la fiesta de la Pascua. Cuando cumplió doce años, fueron allá según era la costumbre. Terminada la fiesta, emprendieron el viaje de regreso, pero Jesús se había quedado en Jerusalén, sin que sus padres se dieran cuenta.» (Lucas 2:41-43)

Sus papás no se dieron cuenta que Jesús no estaba con ellos, hasta que llegó la noche y él no aparecía por ningún lado. Empezaron a buscarlo como locos. Imagínate ¡No se podían dan el lujo de perder al Salvador de la humanidad! Yo creo que María estaba llena de culpa, ya habían pasado tres días y Jesús seguía sin aparecer. ¡Qué angustia!

El único lugar en donde les faltaba buscar era en Jerusalén, así que se devolvieron, y allá encontraron a su hijo adolescente, sentando en medio de los maestros de la ley, escuchándolos y haciéndoles preguntas (Lucas 2:45-47).

Si María hubiera sido latina, fijo que le hubiera gritado delante de todo el mundo muerta de la angustia. Pero mira la escena: «–Hijo, ¿Por qué nos has hecho esto? –Le dijo su madre–. Tu padre y yo hemos estado desesperados buscándote por todas partes». (Lucas 2:48). Me imagino a Jesús con brackets y acné, típico de un adolescente, respondiendo algo parecido a esto: «¿Por qué me buscan? Ustedes me han dicho que soy el Hijo de Dios. ¿No se supone que debo estar aquí en la casa de mi Padre?» según Lucas 2:49.

Los papás de Jesús no entendieron nada de lo que él estaba diciendo, pero María guardó todas estas cosas como un tesoro en su corazón. Después regresaron a casa y Jesús vivió en obediencia a sus padres, y crecía en sabiduría y gracia delante de Dios y de los hombres. (Lucas 2:50-52).

Si no siempre entendemos a nuestros hijos adolescentes podemos consolarnos pensando que María y José sintieron lo mismo que nosotros; y por otro lado, podemos darnos cuenta que Jesús fue un adolescente y es bueno recordar que él sabe lo que se siente tener las hormonas alborotadas y las emociones como una montaña rusa. Él mismo tuvo que someterse a las reglas y normas de su hogar. ¿Quién crees que es nuestro mejor aliado en medio de la adolescencia de nuestros hijos? Jesús.

¿Por qué deseo que leas este libro?

Este libro es una carta especial para ti. He orado cada día que trabajé en escribirlo porque sé que tu tarea no es fácil y yo quiero ayudarte. Si has llegado a pensar que no puedes más con la carga, si crees que criar adolescentes es muy difícil y si has querido «tirar la toalla» o rendirte, no estás sola y te animo a que no lo hagas. Dios está de tu lado y para él no hay nada imposible. Dios es Omnipotente. ¿Sabes que quiere decir eso? debes conocer este adjetivo. Omnipotente quiere decir todopoderoso. Incluye dos palabras: Todo y Poderoso. Con Dios de tu lado siempre tienes nuevas oportunidades de ver y ser parte de milagros. Las mamás cristianas no somos perfectas, pero tenemos a nuestra disposición la cobertura, la guía, la provisión y la potencia del Espíritu Santo de Dios y por eso en este libro quiero ayudarte a desarrollar algunos super poderes especiales que te van a ayudar a ser la clase de mamá «high energy» que tú quieres y puedes ser.

* * * * * * * * * * * * *

Con Dios de tu lado siempre tienes nuevas oportunidades

* * * * * * * * * * * * *

Esos super poderes son:

Visión láser: ver más allá de lo que nuestros ojos físicos pueden ver.

Oración extrema: no podemos dejar de orar. Durante todas las etapas de nuestros hijos debemos buscar la fuente de la sabiduría y el poder: Dios y su Espíritu Santo.

Paciencia sobrenatural: así como Dios nos ha dado miles de nuevas oportunidades aun cuando hemos fallado, nuestros hijos se merecen que les demos una segunda, tercera y hasta una cuarta oportunidad y todas las que sean necesarias.

Comunicación asertiva: la capacidad de pasar de los sermones y las cantaletas a las conversaciones edificantes.

Amor perseverante: un adolescente pide a gritos que lo amen y lo acepten y no siempre es fácil hacerlo, o sobre todo, comunicarlo con inteligencia y para eso estamos nosotras las mamás. Nuestro hogar debe ser su dulce refugio en la tormenta.

Todas podemos acceder a estos poderes y por eso te invito a que en las próximas páginas valoremos juntas lo que nos propone Dios ya que todos ellos provienen de fundamentos bíblicos dados en su palabra.

Claro que aquí encontrarás también experiencias de una mamá como tú. Soy mamá de Christy y Daniel así que encontrarás sus nombres en muchas de las historias. Además, de vez en cuando, algunos apuntes graciosos que no podían faltar porque me gusta reírme y estoy segura, a ti también.

Conoceremos ejemplos de personajes de la Biblia, descubriremos promesas de Dios para nosotras las mamás, compartiremos *tips* para que puedas ejercer tu rol de madre y te llevaré por algunas oraciones guía para momentos difíciles. (Un momento en el Cielo), actividades prácticas, e incluso confrontantes, para desarrollar con tus hijos (Diciendo y haciendo), y sobre todo, de nuevo: encontrarás mucha esperanza.

Mi oración

Es un honor y un placer compartir contigo lo que Dios me ha enseñado a lo largo de esta aventura de ser mamá y liderar una iglesia. Yo sigo aprendiendo y espero que tú también.

Sí. La adolescencia es una etapa difícil de digerir para nosotras como mamás; y por eso oro que por medio de este libro el Espíritu Santo te equipe y empodere para llevar a cabo la tarea de ser la mamá de tus sueños y, sobre todo, la mamá de los sueños de Dios.

No se diga más, empecemos…

El arte de estorbar

Conocí a Samuel Mora cuando él era un adolescente y creo que este fue mi primer encuentro con la famosa «rebeldía adolescente» (jajaja). Oré y le pedí a Dios que me diera gracia ante sus ojos para poder acercarme y ayudarle en su proceso. Así fue; con el paso del tiempo, nos encontramos orando juntos por las reuniones de jóvenes, y hoy en día Sami trabaja conmigo. Descubrió sus dones y el propósito para el cual nació: Dios y su casa. Él puede construir, transformar y embellecer lugares; Sami transforma una simple flor en un hermoso arreglo floral.

Yo amo disfrutar las flores y su belleza, el problema es que cuando una flor es cortada, así permanezca en agua, con el tiempo va a morir. La Biblia dice en Juan 15:5 que Dios es la vid y nosotros somos las ramas, si permanecemos en él vamos a producir mucho fruto, pero si somos cortados o nos separamos de la vid, nos moriremos lentamente al igual que una flor. Esto quiere decir que si Dios es el centro de mi vida y vivo conectada con él a diario, todo va a ser más fácil. La Biblia también nos habla de Jesús como la piedra principal (1 Pedro 2:4) y sobre él debemos cimentar y construir nuestro hogar.

Cristianos de verdad

La Biblia dice acerca de quien toma buenas decisiones: *«Es como una persona que, para construir una casa, cava hondo y echa los cimientos sobre roca sólida. Cuando suben las aguas de la inundación y golpean contra esa casa, esta queda intacta porque está bien construida, pero el que oye y no obedece es como una persona que construye una casa sobre el suelo, sin cimientos. Cuando las aguas de la inundación azoten esa casa, se derrumbará en un montón de escombros».* (Lucas 6:48-49)

Somos cristianos, por lo tanto, podemos tener hogares cristianos. Ser cristiano no significa tener el pescadito pegado en la parte de atrás de nuestros automóviles, significa contar con Jesús y estar cimentados en la palabra de Dios y regirnos por los principios bíblicos.

* * * * * * * * * * * * *

Somos cristianos, por lo tanto,
podemos tener hogares cristianos.

* * * * * * * * * * * *

Las mamás cristianas soñamos que nuestros hijos se entreguen por completo a Jesús; es el sueño de todo padre, y para que esto sea una realidad, nuestra vida y la vida de nuestra familia debe girar en torno a Dios.

Nuestros hijos le pertenecen a él primero que a nosotros. Para la cultura de hoy quizás sea una idea difícil de asimilar, pero la realidad es que nosotros somos encargados o mayordomos de lo que nuestro «Señor» pone a nuestro paso para que cuidemos y multipliquemos. Él presta a sus hijos a nosotras esperando que los cuidemos y los formemos bajo sus principios y valores; Dios confía en nosotras y por eso es vital nuestra comunión con él para que podamos pedirle consejo cada vez que necesitemos algo o no sepamos qué hacer.

Desconexión, fatal

Vamos a comparar a dos personajes de la Biblia, sus vidas, su relación con Dios y el final de cada una de sus historias.

Abram fue llamado a salir de su tierra, a dejar su patria y a sus parientes; Dios le dijo que haría de él una gran nación que sería de bendición para todas las naciones de la tierra (Génesis 12:1-3). Entonces Abram salió de Egipto con su esposa Saraí y su sobrino Lot, y con todo lo que poseían, ya que eran muy ricos en ganado, plata y oro. Eran tan ricos y prósperos que la tierra donde acamparon, entre Betel y Hai, no era suficiente para los dos, entonces empezaron los problemas. Los que cuidaban el rebaño de Abram se peleaban con los que cuidaban el rebaño de Lot, así que Abram le dijo a su sobrino que escogiera la parte de tierra que más le gustara y que se fuera a vivir allá, con eso se evitarían las peleas (Génesis 13:8). Lot miró con detenimiento y vio que el valle del Jordán era hermoso y fértil, así que lo eligió; se dejó llevar por sus ojos, no pensó en la eternidad y se fue a vivir cerca de Sodoma, «pero los habitantes de esa región eran sumamente perversos y no dejaban de pecar contra el Señor». (Génesis 13:13).

Abram tenía noventa y nueve años cuando Dios se le apareció. Esto fue lo que Dios le dijo: «Yo soy El-Shaddai, Dios Todopoderoso. Sírveme con fidelidad y lleva una vida intachable. Yo haré un pacto contigo, por medio del cual garantizo darte una descendencia incontable». (Génesis 17:1-2). Abram cayó rostro en tierra y Dios siguió hablándole: «Este es mi pacto contigo: ¡te haré el padre de una multitud de naciones! Además, cambiaré tu nombre. Ya no serás Abram, sino que te llamarás Abraham, porque serás el padre de muchas naciones. Te haré sumamente fructífero. Tus descendientes llegarán a ser muchas naciones, ¡y de ellos surgirán reyes!». (Génesis 17:4-6) ¡Wow! Abraham tuvo un encuentro con Dios que no solo le cambió el nombre; le cambió la vida.

Volviendo a Lot, Génesis 19:1 nos cuenta que una noche estaba sentado en la entrada de la ciudad de Sodoma. Vio que dos ángeles se acercaban, entonces se puso de pie y corrió a recibirlos. Los ángeles llegaron con la orden de destruir la ciudad porque Dios había recibido muchas quejas sobre el pecado de ese lugar, y lo más triste, se encontraron con un Lot que había negociado sus principios.

Lot insistió en ser anfitrión de los ángeles por esa noche, así que ellos accedieron y fueron a su casa. Los jóvenes y ancianos perversos de Sodoma llegaron disque a tener sexo con los invitados, y se lanzaron a tumbar la puerta. El versículo 6 de Génesis 19 muestra como Lot en su intento de detener a todos los hombres les dice: «amigos míos». ¿Amigos míos? Se había hecho amigo de estos pervertidos, ¡Qué terrible!

Como si fuera poco, en el negocio les propuso a sus amigos pervertidos que se acostaran con sus hijas vírgenes; más o menos, que les hicieran lo que quisieran a sus hijas, pero no a sus invitados. Los ángeles finalmente intervinieron y dejaron ciegos a todos los hombres que estaban rodeando la casa y los hicieron huir (Génesis 19:4-11).

Antes de destruir la ciudad, los ángeles le ordenaron a Lot y a su familia que se fueran, que huyeran sin mirar atrás, pero su esposa desobedeció y volteó a ver cómo todo lo que habían amado y atesorado se destruía en el fuego ardiente. Así que quedó convertida en una estatua de sal (Génesis 19:26).

Más adelante, las hijas de Lot emborrachan a su papá y tienen sexo con él, y fruto de este pecado nace Moab, padre de los moabitas, y Ben-ammi, padre de los amonitas; estos dos pueblos fueron enemigos permanentes de Israel. (Génesis 19:30-36).

Yo me pregunto, ¿En qué momento se desconectó Lot de Dios? ¿Estuvo alguna vez realmente conectado con él? Lot puso sus ojos en lo temporal, no confió en Dios sino en sus instintos, el sistema del mundo lo corrompió, y finalmente quitó los límites de su vida y de su familia, dejándola totalmente desprotegida.

En cambio, Abraham puso sus ojos en Dios, tuvo varios encuentros con él y le creyó de todo corazón. Su hijo Isaac fue el hijo de una promesa de Dios, que aunque tardó en llegar, se hizo realidad. Isaac fue esposo de una sola mujer, Rebeca, y la Biblia dice que él oraba para que su esposa pudiera tener hijos, y los tuvo. Los pasos de Abraham lo llevaron a la eternidad, Dios no solo lo bendijo a él sino a Isaac y a toda su descendencia.

Ayudas idóneas no tan idóneas...

El peor error de Lot y su esposa fue elegir Sodoma como su lugar para vivir, después de que sus hijas fueron influenciadas por el espíritu de perversión que gobernaba la ciudad, fue demasiado tarde para detener o estorbar su pecado, ¡Las consecuencias de no hacerlo fueron terribles!

En el Nuevo Testamento encuentro otra historia parecida. Una de las costumbres en los inicios de la Iglesia era que las familias vendieran sus propiedades y dieran el dinero a los apóstoles, sin embargo, en Hechos 5:1-10 aparece un matrimonio, Ananías y Safira, quienes efectivamente vendieron su propiedad, pero llevaron a los apóstoles únicamente parte del dinero afirmando que era la totalidad. El dinero era de ellos, hubieran podido hacer lo que quisieran con él, pero creyeron que podían engañar al Espíritu Santo y resultaron muertos.

Como mamás y esposas debemos apoyar a nuestras familias, pero también debemos estorbar su pecado con el fin de que Dios permanezca como el centro de nuestro hogar. ¿Estorbó Safira el pecado de su marido? ¡Noooo! ¿Cuál fue el resultado?

Los dos murieron. Qué triste.

Safira hubiera podido advertirle a su esposo lo que implicaba mentir, entonces habrían vivido más tiempo y ella se destacaría en la Biblia por hacer el bien, no el mal.

Puedo ver hogares rumbo a la muerte porque hay hombres que no tienen a Dios como el centro de sus vidas, y hay ayudas idóneas poco idóneas que en realidad no ayudan.

¿De qué lado estás tú?

Estorbando ando

Nuestros hijos son como un espejo. Lo que veo en ellos probablemente es lo que hay en mí, lo bueno y lo malo. ¿Cuál es nuestra función como padres? Aunque en realidad son muchas (jajaja), en estas líneas solo quiero hablar de estorbar. Sí, estás oyendo bien. ¡Estorbar! Yo estorbo, él estorba, tú estorbas, todos estorbamos.

Según la Real Academia de la Lengua Española, estorbar significa: «poner dificultad u obstáculo a la ejecución de algo; molestar o incomodar». En este sentido, debo estorbar el pecado.

Estorbar no es un don ni una capacidad, es una práctica. Debemos hacerlo cada vez que a alguien en nuestra familia le dé por hacer algo que es contrario a la Palabra de Dios o que va en contra de la visión del hogar. Claro que como padres primero debemos dar ejemplo, porque esto nos e trata de estar delatando errores. Por eso es importante ponernos bajo la lupa de Dios y pedirle que él primero estorbe nuestro propio pecado, así todo va a ser más fácil.

En Colombia decimos: «El que tiene rabo de paja, no se arrime a la candela». Si tenemos una culpa por más que parezca oculta, tarde o temprano nuestro pecado va a ser expuesto ante los ojos de nuestros hijos y no tendremos autoridad para estorbar su pecado.

Y ¡Ojo! Estorbar no es gritar a nuestros hijos o darles cantaleta (fastidiarlos), se trata de hablar con ellos en amor y llevarlos a tomar decisiones basadas en la Palabra de Dios independientemente de cómo reaccionen y aunque parezca que inicialmente no da resultado.

Estorbar es aconsejar y hacer seguimiento, no es prohibir sino hablar de lo que podría pasar, positivo y negativo, al tomar ciertas decisiones. Estorbar es recordarles su propósito de vida y enseñarles a vivir como Dios quiere, no como a ellos les plazca.

Es importante estorbar en un ambiente en el que nuestros hijos nos perciban como padres cercanos, que buscan su bien y que se preocupan por sus vidas, no como jueces implacables que lo que hacemos es buscar la culpa. Padres que se preocupan por sus hijos. Y claro, no solo mamás; no nos corresponde estorbar únicamente a nosotras las mamás, es un trabajo compartido, aunque aquí te estoy escribiendo a ti. Los dos encargaron hijos, los dos los crían y los dos les enseñan.

La regla de oro

«Haz a los demás todo lo que quieras que te hagan a ti». (Mateo 7:12). Pongámonos en los zapatos de nuestros hijos, especialmente si son adolescentes. A esa edad todo da pena, todo da vergüenza, el qué dirán importa, ¡e importa mucho! Pidámosle a Dios sabiduría para estorbar su pecado sin ser fastidiosos e intensos, ¡Eso NO funciona! Pero tampoco funciona el otro extremo, hacernos los locos frente a su vida espiritual y nos ser intencionales en ayudarles a desarrollarla.

Recuerda siempre que nosotros también pasamos por ahí y que hubiéramos querido que nuestros papás no fueran intensos, ni por el contrario, totalmente ajenos.

Mis hijos me mostraron un meme de una novela mexicana donde una mamá ochentera súper maquillada, con copete Alf, los ojos abiertos a punto de salirse y un dedo señalando, le decía a su hijo: «¡Necesitas a Jesús!». Esta imagen me inspiró a escribir las siguientes frases, y quiera que las leas como si fueran de novela mexicana: «¡Lee la Biblia tres horas o te irás al infierno! ¡Orar menos de dos horas es un pecado gravísimo!». Asusta, ¿verdad? Y no te me ofendas si eres mexicana que amor a tu país.

La época de la inquisición ya pasó, no tortures a tus hijos, finalmente dar bibliazos no funciona, obligar tampoco. Amar, dar ejemplo y ser inspiración, ¡Eso sí funciona!

* * * * * * * * * * * *

dar bibliazos no funciona

* * * * * * * * * * * *

Yo quería que mis hijos oraran y leyeran la Biblia. Con mi hija fue más fácil, ella siguió nuestro ejemplo, ¡Y listo! Con mi hijo tuve que trabajar un poco más. Mi hijo siempre entraba a mi lugar de oración, que de hecho luego vino a ser su lugar de oración también, y hacíamos el devocional juntos.

Para la lectura de la Biblia tuve que buscar una manera divertida que lo motivara a hacerlo, entonces después de muchos intentos, encontré la manera que luego funcionó. Dejar en su lugar de oración un paquete de gomitas o dulces que se pudiera comer solo si lee la Biblia; de vez en cuando le pregunto: ¿Qué te dijo Dios? o simplemente le cuento qué me dijo Dios a mí. Si yo leo la Biblia, ellos también la van a leer.

Nosotros somos los primeros que debemos orar y leer la Biblia, los primeros en buscar y anhelar a Dios. Nuestros hogares, nuestras vidas y nuestras decisiones deben estar basadas en lo eterno, no en lo pasajero; así como Abraham, que amaba a Dios y era su amigo. Solo lo vamos a lograr si estamos conectadas con Dios y con su Espíritu Santo, él nos hace sabias y nos lleva a ser como Jesús. Cuando tengo como meta ser como Jesús, constantemente voy a revisar mis actitudes, mis pensamientos y mi forma de hablar. Si me desconecto de Dios, comienzo a ser egoísta, desobedientes y pecaminosa.

Jesús es el camino, sigue su senda. Esa es la senda que tus hijos van a seguir también.

Alguna vez oí esta oración: «Señor, haz de mí una piedra en el camino de cada persona que se encuentre conmigo; que cada vez que alguien pase por mi lado, tenga que tomar una decisión de seguirte y amarte con todo su corazón».

Ser una piedra en el camino de los hijos no se trata de ser un tropezadero en la vida de ellos para que caigan, por el contrario, se trata de obstaculizar los planes del diablo y producir un punto de quiebre para que ellos amen a Dios. Si estorbamos su pecado e invertimos en su espiritualidad, nuestros hijos llegarán aún más alto de lo que nosotros hemos llegado.

Si siembras en la espiritualidad de tus hijos, obtendrás como cosecha que un día ellos van a orar por ti, y eso es increíble.

Diciendo y haciendo

Escribe dentro de cada círculo la persona o cosa que ocupa ese lugar dependiendo de su grado de importancia para ti. El círculo del centro (1) es el más importante y representa el centro de tu vida. Recuerda, sinceridad ante todo.

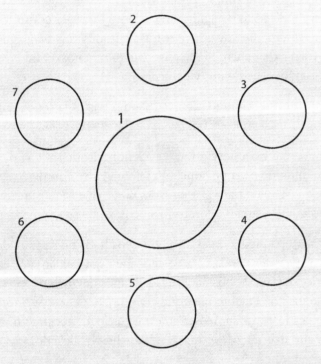

Si Dios no está en el círculo del centro, debes pedirle perdón y hacer un compromiso para que de ahora en adelante él sea el centro de tu vida.

Ahora responde las siguientes preguntas:

1. ¿En qué aspectos soy una inspiración para mis hijos?

2. ¿Qué pecados debo estorbar en la vida de mis hijos y de mi esposo?

3. ¿Cuáles fueron los pecados de mi adolescencia?

4. Cuando era adolescente, ¿cómo era mi relación con Dios?

Piensa bien en todas las respuestas de los ejercicios anteriores. Después vas a tener un «desconectado» con tus hijos(a); esto significa que van a tener una cita donde no se pueden llevar celulares. Vas a hablarles sobre cómo conociste a Jesús y cuál fue el cambio que él hizo en tu vida, les vas a mostrar con tu ejemplo que vivir con Dios es la mejor decisión que pueden tomar.

Un momento en el Cielo

Señor, te pido que seas el centro de mi vida, te pido que mis hijos y mi esposo sean tan impactados y desafiados por el poder de tu presencia en mí, que sin dudarlo, su decisión sea seguirte a ti todos los días de su vida hasta que tú regreses. Te pido que yo no sea como la esposa de Lot, ni como Safira, que no fueron un obstáculo para los planes del mal. Te pido sabiduría y conexión con tu Espíritu Santo. En el nombre de Jesús, amén.

****

Tú ves ladrillos, Dios ve un edificio

****

A mi familia y a mí nos gustan los juegos de mesa. Lo primero que hacemos cuando compramos un nuevo juego es leer las instrucciones, tenemos que saber cuál es el propósito del juego, cuando ya todos entendemos de qué se trata, jugamos, nos reímos, a veces ganamos y a veces no. ¿Por qué leer las instrucciones primero? Porque así conocemos los parámetros, lo que se puede hacer y lo que no se puede hacer para ganar, y logramos tener una visión clara del juego.

Visión clara, ese el punto de este capítulo. Cuando somos jóvenes vemos perfectamente, pero a cierta edad empezamos a dejar de ver y nos toca ir al optómetra porque tenemos una «privación parcial de la vista». La mayoría de los problemas en nuestras familias se dan cuando no tenemos visión para nuestro hogar ni para nuestros hijos. ¿Estamos sufriendo de «privación parcial de la vista» en nuestras casas?

«Donde no hay visión, el pueblo se extravía; ¡dichosos los que son obedientes a la ley!». (Proverbios 29:18).

¡Sueña!

Visión es tener una imagen mental de lo que queremos ser o hacer. Para tener visión debe haber un sueño, si ese sueño no está claro, ¿cómo voy a lograr hacerlo realidad?

«Escribe la visión, y haz que resalte claramente en las tablillas, para que pueda leerse de corrido». (Habacuc 2:2)

Dios nos entregó a nosotros como papás una visión para la vida de nuestros hijos y es nuestra responsabilidad descubrirla y hacerla realidad.

Cuando tuve en mis brazos a mi primogénita, Christy, por primera vez, vi sus manitos y el tamaño de sus dedos y supe que iba a ser pianista. Luego con su llanto –que se escuchaba por toda la iglesia– supe que también sería cantante. Además, un día no paraba de hablar y hablar, yo estaba desesperada y le dije: «¡Cállate ya!». Pero Dios me dijo: «Cállate tú, porque estás callando a una predicadora». ¡Oops! Inmediatamente le pedí perdón a Dios y a mi hija.

Yo soy mamá y esposa de pianistas y me encanta que el piano suene todo el tiempo. Un día tomamos la decisión con mi esposo de que nuestros hijos tenían que ensayar el piano todos los días, así que yo me quedaba encerrada en mi casa con ellos cada tarde durante tres horas mientras ensayaban. Mi esposo era el profesor y tuvo que sacar de su tiempo todos los días para enseñarles. No fue nada fácil, mi familia y mis amigos no entendían por qué le dedicábamos tanto tiempo a eso. Un día mi vecina me dijo: «No moleste tanto. Déjelos que no ensayen». El problema era que ella no entendía el plan y la visión de Dios para la vida de mis hijos, ¡Pero yo sí! ¡Yo tenía un plan dado por Dios para ellos! El ensayo no era negociable.

El rascacielos del plan de Dios se construye con pequeños sueños que son como ladrillos de fidelidad día tras día. Nosotros podemos llegar al piso tres, pero los sueños de nuestros hijos empezarán desde ese punto de partida y llegarán más alto que nosotros, hasta el piso veinte. Nuestros hijos necesitan de nosotras mucho más de lo que necesitan cosas que podamos darles.

****

El rascacielos del plan de Dios se construye con pequeños ladrillos

****

Ana tuvo un sueño

En un tiempo donde la palabra de Dios escaseaba y las visiones eran poco comunes, aparecen Elcana y su esposa Ana. Cada año Elcana viajaba a la ciudad de Silo para adorar al Señor y ofrecerle sacrificios en el tabernáculo. En uno de esos viajes, Ana se levantó y fue a orar (1 Samuel 1:1-9). Ella lloraba amargamente mientras oraba al Señor, así que el sacerdote Elí pensó que estaba borracha, pero Ana le explicó lo que estaba pasando y tuvieron una conversación muy interesante. Al entender el corazón de Ana, Elí le dijo: «… ¡Ve en paz! Que el Dios de Israel te conceda lo que le has pedido». (1 Samuel 1:17). ¿Pero qué estaba pidiendo?

1 Samuel nos relata lo que pasaba al interior de la familia de Elcana. Él tenía dos esposas, Ana y Penina, y vivía en medio de un conflicto entre sus dos mujeres porque Penina sí le había dado hijos, pero el Señor no le había concedido a Ana tener bebés.

Penina le amargaba la vida a Ana recordándole que ella no podía tener hijos y se burlaba permanentemente de ella. Ese viaje anual para adorar en el tabernáculo era una tortura para Ana porque Penina aprovechaba para hacerle la vida imposible.

Elcana trataba de ayudarle a Ana y le decía: «¿Por qué lloras, Ana? ¿Por qué estás desanimada? ¿Solo por no tener hijos? Me tienes a mí, ¿acaso no es mejor que tener diez hijos?». 1 Samuel 1:8, pero Ana seguía con el sueño de tener un hijo y fue a la presencia de Dios a buscar consuelo.

Lo que Ana estaba clamando era lo siguiente: «Oh Señor de los Ejércitos Celestiales, si miras mi dolor y contestas mi oración y me das un hijo, entonces te lo devolveré. Él será tuyo durante toda su vida, y como señal de que fue dedicado al Señor, nunca se le cortará el cabello». (1 Samuel 1:11). No fue una oración de queja o de rabia en contra de Penina, en su lugar Ana prefirió proponerle un plan a Dios.

El Señor se acordó de Ana y la Biblia dice que a su debido tiempo le dio lo que soñaba (1 Samuel 1:20). Dios le dio un hijo, y le puso por nombre Samuel, que llegó a este mundo como resultado de un clamor, una visión y un gran propósito de Dios.

Lo que más me apasiona de este capítulo es que Ana tuvo una visión de su hijo sirviendo en la casa de Dios y fue tras eso. Fue fiel a esa visión y cumplió su parte del trato, Samuel sirvió en el templo del Señor desde que era un niño y muy pronto aprendió a escuchar la voz de Dios (1 Samuel 3:3-10). Samuel no fue un siervo más en el templo, fue el hombre que Dios usó para romper el silencio en Israel y volver a comunicarse con su pueblo.

Ana tenía una visión más allá de ser la esposa de Elcana, ella quería una descendencia para Dios, pero su esterilidad era una limitación a su visión y veía su cumplimiento como algo muy lejano… Pero no imposible, Ana no se quedó frustrada, adolorida y amargada; ella peleó por el sueño de Dios.

Los padres somos los encargados de darles a nuestros hijos un norte y de marcarles un rumbo. Lo primero es enseñarles que Jesús es el camino y que lo más importante de su vida es tener una relación con él. «Y esta es la vida eterna: que te conozcan a ti, el único Dios verdadero, y a Jesucristo, a quien tú has enviado». (Juan 17:3)

Haz que las cosas pasen

La visión para nuestros hijos y para nuestra familia no se consigue sentándose a esperar que algo pase; la visión se construye. ¡Vamos a construirla! Pidámosle al Señor una visión, esta es una gran petición que le agrada a Dios; intercedamos y bajemos del cielo esa imagen que él tiene para nuestra familia.

Como en un juego, todos debemos participar en la construcción de la visión. No se trata solo de lo que nosotras como mamás queramos o de nuestro punto de vista sino de lo que es importante para todos los miembros de la familia.

La regla principal de este juego es que debemos orar antes de empezar a construir la visión. ¡No te desanimes! Al principio no se podrá ver claramente, pero con el tiempo vas a empezar a tener claridad. El éxito del juego es que nuestros hijos puedan expresar sus sueños y sus opiniones, cuando eran pequeños nosotros los guiábamos a la visión, pero ahora que son adolescentes debemos oír lo que piensan y construirla juntos. Ellos son miembros legítimos de la familia, el perro no opina, ellos sí (jajaja).

En la Biblia Dios dejó tesoros para nosotros los padres que nos ayudarán en la construcción de la visión. Uno de ellos está en (2 Corintios 3:4) «Esta es la confianza que delante de Dios tenemos por medio de Cristo. No es que nos consideremos competentes en nosotros mismos. Nuestra capacidad viene de Dios. Él nos ha capacitado para ser servidores de un nuevo pacto, no el de la letra, sino el del Espíritu; porque la letra mata, pero el Espíritu da vida».

Aplicar esta palabra en nuestro rol como madres nos traerá un alivio inmenso porque sabremos que no estamos solas, Dios nos hace competentes como ministras de nuestro hogar y está con nosotras para ayudarnos. Tener el respaldo de Dios hará que dejemos a un lado nuestras limitaciones, la falta de dinero, de oportunidades, los errores cometidos en el pasado y las situaciones difíciles por las cuales hemos tenido que atravesar. No importa lo que hayas hecho o dejado de hacer en la vida de tus hijos hasta el momento, siempre podrás acudir a Dios pidiendo su ayuda e intervención sobrenatural.

Tener una visión hará que quitemos nuestros ojos de los ladrillos para ponerlos en un edificio construido.

Una vez hayan logrado construir la visión y quede por escrito como dice en Habacuc, tenemos que generar acción para alcanzar la meta. Si la visión es clara y hay un propósito de Dios establecido, ese propósito hará que nuestros hijos se mantengan firmes en Jesús y perseveren, o los hará volver al camino correcto cuando en algún momento de sus vidas piensen en desviarse. Este es el gran poder de una visión dada por Dios.

¿Qué pasa cuando no tenemos visión?

Ninguna pareja de novios se casa con la idea de fracasar. Nunca vamos a escuchar unos votos matrimoniales que digan algo como: «Yo te voy a amar dos años y luego nos separamos»; nadie se casa esperando que el matrimonio no le dure. Asimismo, ningún padre sueña que su hijo sea un drogadicto o que le vaya mal en la vida, ¿verdad?

Lo cierto es que si no le apuntamos a nada, eso alcanzaremos, ¡Nada! Es muy simple, si como familia no tenemos una visión o un lugar al que queramos llegar, ¡No vamos a ir a ningún lado! Si un avión no tiene un destino ni un plan de vuelo es muy probable que se estrelle y el riesgo para los pasajeros es altísimo, lo mismo pasa con nuestros hogares. Debemos tener una visión y un destino para que todos en la familia estemos seguros.

No nos dejemos intimidar por nuestros hijos, es nuestra responsabilidad guiarlos y direccionarlos, y esto implica muchas veces vencer su voluntad y sus pataletas.

Un día una señora llegó a contarme muy orgullosa que su hija de tres años hizo pataleta para elegir la ropa que se quería poner y lo logró, pero yo creo que ella tuvo que haberle dicho: «No hija, yo sé que esos colores no te combinan y que deberías ponerte una chaqueta porque está haciendo frío». No se trata de imponer, se trata de direccionar. Aunque no lo creas, ellos se sienten más seguros cuando ven que su autoridad es firme.

He visto casos de la vida real de hijos malcriados y voluntariosos de veinte años que quieren hacer lo que les place porque en su casa nunca los guiaron.

Amada mamá, la Palabra de Dios dice: «Dirige a tus hijos por el camino correcto, y cuando sean mayores, no lo abandonarán». (Proverbios 22:6). Debemos darle a este versículo la relevancia que merece ya que en la actualidad pareciera no estar vigente. Nuestros hijos son importantes y nos necesitan, necesitan que los guiemos, que los amemos y que corrijamos sus conductas inapropiadas, así nos convertiremos en el ejemplo que ellos van a querer seguir.

Nuestros hijos nos necesitan más a nosotras como mamás que las cosas que podamos darles.

Diciendo y haciendo

Vamos a poner la fe en acción tal como lo hizo Ana. Piensa en las siguientes preguntas:

- ¿Cuáles son los dones de tus hijos(a)? (Piénsalo para cada uno de tus hijos(a) de manera individual).

- ¿Para qué crees que tu hijo(a) vino a este mundo?

- ¿Qué cosas puedes hacer para que tus hijos cumplan el llamado de Dios en sus vidas?

- Cuando un extraño llega a tu casa, ¿qué imagen quieres que se lleve de tu familia?

- ¿Qué sentimientos deben prevalecer en los miembros de tu familia?

- ¿En qué y cómo ves a tu familia sirviendo a Dios?

- ¿Cómo ves a tu familia en cinco años?

- ¿Cómo ves a tu familia en diez años?

- ¿Cuál crees que es el propósito de Dios para tu familia?

- ¿Qué huella va a dejar tu familia en este mundo?

Haz un dibujo del sueño que tienes para tu familia. Esta será una imagen mental que te ayudará a caminar hacia la visión de Dios.

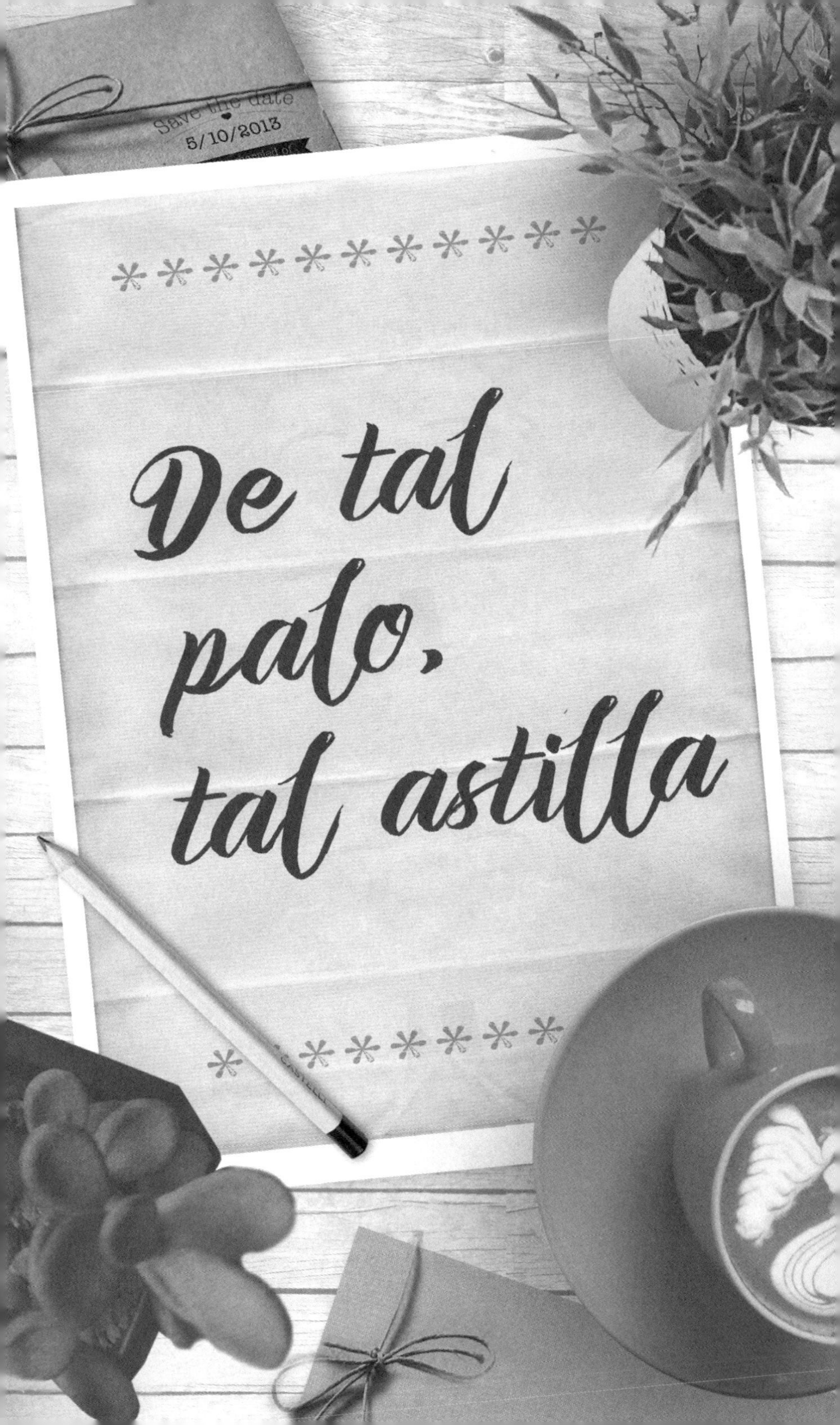
Save the date
5/10/2013
De tal palo, tal astilla

Hace varios años atrás, viajamos a Australia a visitar a unos amigos, pero este viaje fue diferente; ya que tuve en claro que debía ir a aprender de una mujer australiana que ya conocía. Interpreté que este era un pedido de Dios y la verdad es que me enojé mucho y le respondí al Señor: «*¿Aprender de esa Barbie? Ella no tiene nada que enseñarme a mí*». Estaba histérica; en mi opinión, ella no era una buena ama de casa y me parecía más bien una persona desastrosa. Además, no trabajaba, no era una ejecutiva y «solo» se dedicaba a ser mamá.

Dios insistió: «Te sientas y te callas. Vas a oír y vas a aprender». Así que me senté en una esquina, enojada y haciendo pataleta o berrinche*.

Lo primero que vi fue que ella se relacionaba muy bien con sus hijas, la mayor es casada y vive lejos, entonces hablan por teléfono; me llamó la atención que su conversación sonaba dulce y amorosa.

La menor estaba en plena adolescencia, todavía vivía en casa y yo esperaba la típica mala cara y un jalón de pelo, ¡Pero no! Estaba con su mamá viendo una revista; «¿Te gusta este saco?», «qué lindo está», (léase con el tono de voz más suave y dulce que jamás se haya oído). Después fueron a cocinar, y mientras cocinaban hablaban, se reían, no peleaban, no se daban codo, no blanqueaban los ojos, no querían tener la razón, no imponían su verdad, ¡Nada! Nunca pelearon, ¡nunca! No se trataron mal, no se ignoraron, no hubo guerra fría ni odio.

Yo quedé con la boca abierta y pensé: «*Sí, Dios. Tengo mucho que aprender*». Allí aprendí la lección de mi vida: ellas se trataban con amor, con dulzura, es decir, se hablaban como amigas. Yo nunca había visto eso.

La semana siguiente llegaron de visita los papás de mi «barbie», entonces me emocioné y pensé: «Ahora sí voy a ver la realidad de la historia, (bua ja ja)». Me senté con palomitas de maíz esperando ver un round de boxeo, ¡Golpes! ¡Pelea! ¡Puños y patadas! ¡Que comience la acción! (jajaja). ¿Y qué? ¡No hubo pelea! Eran tres generaciones de mujeres amorosas que se amaban entre ellas. Entonces escuché que Dios me habló otra vez: «*¿Ves que sí tenías mucho que aprender?*». Desde ese momento yo quise tener esa clase de relación con mi hija.

Nosotros como latinos hemos vivido otra realidad. Creo que nuestra cultura es machista, por lo tanto, se exalta al hombre y se aplasta a la mujer. Nuestros comportamientos tienden a ser agresivos contra las mujeres; competencia, odio, golpes, mala cara y dar la espalda. Estas cosas han hecho que como mujeres compitamos para sobresalir, envidiamos el cuerpo, la cara, la ropa y hasta el novio de otras mujeres, cargando siempre con un sentimiento de insatisfacción; y lo peor de todo, trasladamos esta situación a nuestra relación madre e hija.

Yo por ejemplo he visto mamás peleando con sus hijas mientras cocinan, buscando tener la razón. Las he oído por teléfono: «ay mami, apúrate», hablando con desespero y sin paciencia como si mamá fuera una sirvienta.

Quiero saber que me amas

Un día leí una historia espectacular en el libro «Mamá, me siento gorda» de Sharan A. Hersh, que ilustra muy bien la importancia de una relación sana entre mamás e hijas. Mira esta nota:

> *«Sobre todo, madre, quiero saber que me amas...*
>
> *Sé que tuviste un día difícil en el trabajo, no quiero molestarte, pero ¿Pasarías un rato conmigo? Por favor, madre, necesito que alguien esté conmigo cuando mis amigos no bastan. Necesito alguien para hablar, para confiarle mis secretos más profundos, alguien para contarle el dolor de mi pérdida y la risa de la felicidad.*
>
> *Los amigos quizá aparezcan y desaparezcan, madre, pero tú siempre estarás allí. Por favor, quédate conmigo para disfrutar mi vida ahora, cuando más te necesito. Carla Sanko, 15 años».*

Tener una buena relación con nuestras mamás es trascendental porque determina aspectos muy importantes en nuestra vida, por ejemplo:

- Las palabras de nuestra mamá nos dan seguridad o nos infunden temor. Si no he recibido palabras de afirmación puedo sentirme insegura con respecto a cómo me veo y cómo me siento conmigo misma; si me veo linda o no, si me vestí apropiadamente, si me veo gorda, fea, etc.

- La manera como me relaciono con los hombres y con otras mujeres. Mi vida será un reflejo lo que creo de mí o lo que he oído de mí, y esto puede afectar mis relaciones con otros.

- Vivir con la sensación de que no lo estamos haciendo bien. «¿Lo estoy haciendo bien?» «¿Soy capaz?» «¿Está lindo?». El deber de una mamá es resaltar y hablar lo bueno, no lo malo.

Es posible que tu mamá ya no esté viva, pero la relación que tuviste con ella te marcó para bien o para mal. Si tu mamá todavía está contigo y mantienen una buena relación, te felicito porque eso es bueno para tus hijos. Pero si no, vale la pena ir al pasado y sanar lo que sea necesario para que esto no afecte tus relaciones con otras mujeres y sobre todo, con tus hijos.

No podemos ser un tope

Si vivimos una historia triste con nuestra mamá, no podemos quedarnos ahí, es nuestra responsabilidad romper ese tope. ¿Cómo? Siendo buenas mamás.

Mi hija tenía cinco años y me pidió que la ayudara con una plana que le habían puesto de tarea en el colegio. Mi esposo estaba de viaje, así que estábamos solo las dos. Christy estaba frustrada y se puso a llorar porque la plana no le estaba quedando perfecta, pero yo estaba más frustrada que ella, tanto que me levanté y fui al baño a llorar también. ¿Por qué? Esta situación me recordó que cuando yo era niña mi mamá me hacía todas las tareas, y mi papá me pegaba porque no entendía matemáticas (sigo sin entender, jajaja), así que desde antes de empezar yo ya estaba llorando porque sabía que no iba a poder. Este era mi tope, así me habían enseñado a mí, pero había llegado el momento de romperlo.

Ahí estábamos, Dios, Christy y yo. Yo pude sentir a Dios decirme claro: «*Esta es la oportunidad de sanar tu pasado. Imagina que Christy eres tú cuando eras niña, ¿Cómo te hubiera gustado que te ayudaran a hacer tareas? Tal como te hubiera gustado a ti, lo vas a hacer con ella, y yo te voy a enseñar a hacerlo*».

No hubo más llanto, la consolé, le dije que lo estaba haciendo muy bien y que cuando lo hacía mal lo único que tenía que hacer era borrar, ¡Y listo! ¡Lo logramos! Hoy en día a ella le encanta hacer tareas conmigo, yo solo la acompaño, la animo y le sugiero. No la golpeo y tampoco le hago la tarea. ¡Ehhh! Se rompió el paradigma.

Saliendo de la cárcel del pasado

Hay un personaje en la Biblia que tuvo que romper sus topes para ver el cumplimiento del sueño de Dios en su vida y en la de su familia.

José era un soñador innato, Dios le había dado un sueño; él iba a gobernar sobre sus padres y sobre sus hermanos, y ellos se iban a inclinar ante él (Génesis 37: 5-6, 9). Pero nunca le dijo cómo iba a llevar a cabo ese sueño, tampoco le habló del camino de entrenamiento por el cual tenía que pasar para lograrlo.

* * * * * * * * * * * * *

Mis hijos no tienen por qué pagar la mala relación que tuve con mis padres

* * * * * * * * * * * * *

Dios tenía que formarlo y capacitarlo para su siguiente trabajo como gobernador de Egipto. ¿Cómo? Fue entrenado como esclavo (Génesis 37:28) y estuvo en la cárcel (Génesis 39:19-23). ¿Por qué José tuvo que sufrir tanto rechazo, injusticia y esclavitud antes de ver su sueño hecho realidad? Porque no estaba preparado, Dios tenía que cortar con su pasado y darle una nueva mentalidad para gobernar (Génesis 41:39-44).

En mi caso, Dios me mostró que Él me había arrancado de mi familia, y aunque fue un proceso muy doloroso, tenía que ser entrenada al igual que José. Tuve que despojarme de mis raíces y mis costumbres, y aceptar la disciplina de Dios porque Él tenía un plan con mi vida y con las generaciones después de mí.

Mis hijos no tienen por qué pagar la mala relación que tuve con mis padres. Por el contrario, yo puedo ser un agente de cambio y transformar mis generaciones.

Tal vez estamos como José, atrapados en una cárcel con muchas situaciones sin resolver y un pasado sin superar, pero Dios quiere sacarte de allí y enseñarte a vivir de una manera *diferente* porque tiene planes *diferentes* para nuestra familia.

Escribiendo una nueva historia

Dios es Padre/Madre Dios y por las dudas, no me refiero a genero si no a roles. Dios es el todo completo de todo. En la biblia encontramos un lenguaje especial cuando se habla de la paternidad o del amor de Dios, más próximo a los arquetipos femeninos y maternales que a los patriarcales de la época y de la cultura en que se escribieron los diferentes libros de las Escrituras. Por ejemplo, es frecuente que la Biblia hebrea hable del amor de Dios con el adjetivo «entrañable» [raμùm] o con el sustantivo «amor entrañable» [raμ¦mîm]. En ambos casos los textos están describiendo una forma de amar que tiene sus raíces en la forma de querer que una buena madre tiene hacia el hijo que lleva en sus entrañas.

Dios te puede enseñar a escribir una nueva historia en tu relación con tus hijos. Después de todas las lecciones que les he compartido, yo tomé decisiones; por ejemplo, llevar un estilo de vida que me permita pasar tiempo con ellos, que mis hijos sean mis mejores amigos, eso quiere decir hacer actividades juntos que normalmente haría con otros amigos o amigas. Esto implica generar espacios de conversación con ellos, dejarlos hablar y muchas veces morderse la lengua si no estás de acuerdo con lo que escuchas; ellos necesitan sentirse escuchados y recibir nuestra guía y/o consejos.

También los amo, los bendigo y los perdono a diario; para eso tuve que tomar la decisión de aceptarlos tal como son. Decidí creer en ellos; un día una persona vino a darme quejas de Christy, y yo le respondí: «La estas describiendo como si ella fuera una niña mala, pero ella en realidad es una niña buena». Decidí exagerar sus virtudes y las cosas buenas que hace en lugar de resaltar sus defectos y fallas.

No los ofendo ni los trato con violencia, nuestros hijos son seres humanos que merecen respeto, no podemos confundir la confianza con el abuso y sigo aprendiendo sobre la importancia de las palabras sobre las personas, especialmente sobre las mujeres, así que por ejemplo a mi hija le recalco lo linda que es, le digo que su cuerpo es perfecto y que su cara es hermosa.

Nuestra relación con nuestros hijos es como cuidar una planta, debemos alimentarla, darle agüita; de vez en cuando dar un regalito, un abrazo inesperado o una notica de amor. Recuerda que el amor no se porta con rudeza, así que procuremos siempre hablar con ternura y una sonrisa.

Si como mamás tomamos decisiones y cambiamos, veremos crecimiento mutuo; nosotras creceremos y asimismo nuestros hijos se sentirán inspirados a cambiar y a mejorar.

De mujer a mujer

Dios me ha rodeado con todo tipo de mujeres, todas son lindas, a veces intensas, pero aman a Dios. Puedo decir que todas tienen un buen corazón, sin embargo, hay unas que son más fáciles de amar que otras; hay unos huesos duros de roer (jajaja). Para hacernos la vida más fácil, he decidido amarlas y aceptarlas como son, lidiar con el hecho de que hay cosas que no les puedo cambiar, y reconocer que sus cualidades son más grandes que sus defectos.

Hago guerra espiritual porque sé que ellas son una bendición para mi vida y que juntas vamos a edificar el reino de Dios.

En cuanto a mis pensamientos, he decidido pensar bien de ellas, si me dan ganas de hablar mal de alguna, rápidamente la perdono porque soy consciente que algo anda mal en mi corazón; por último, cada vez que las veo, les digo algo lindo.

Estos consejos te pueden servir para relacionarte con las mujeres que Dios ha puesto a tu alrededor y marcar una diferencia. Hemos sido llamadas a ser ejemplares, a ser una luz que brilla; debemos ser un modelo a seguir. No podemos ser un ejemplo de histeria, tristeza y egoísmo, al contrario, debemos ser reconocidas por el amor que hay entre nosotras; evitemos la envidia, la competencia y la rivalidad. Esto solo lo vamos a lograr con la ayuda del Espíritu Santo, Él es el Ayudador, contamos con su ayuda para ser buenas mujeres y buenas mamás.

Intencionalmente vamos a enmendar el error de nuestras mamás; por ejemplo, si tu mamá era controladora, intencionalmente vas a hacer lo contrario. Si fue ausente, tú vas a estar presente y le vas a pedir a Espíritu Santo que te muestre el error que debes enmendar. El punto no es solamente ir al revés de lo que hubiera hecho tu mamá sino liberarte de tener que repetir la misma tendencia. Tú puedes, ¡Él Espíritu Santo está en ti!

Diciendo y haciendo

Vamos a responder estas preguntas con sinceridad. La idea es descubrir dónde fue puesto el tope en la relación con tu mamá para pedirle al Espíritu Santo su ayuda y su poder sanador. ¡Cuidado! Ten presente la misericordia y el amor. Ver a nuestras mamás con ojos de gracia nos dará la sanidad para no repetir sus errores.

1. ¿Eres amiga de tu mamá o entre más lejos esté mejor?

2. ¿Cómo es una conversación con tu mamá? ¿De doble vía o parece un monólogo de alguna de las dos?

3. ¿De qué te gusta hablar con tu mamá?

4. ¿Qué te aburre de tus conversaciones con tu mamá?

5. ¿Qué cosas te avergüenzan de tu mamá?

6. ¿Qué es lo que generalmente demanda tu mamá de ti?

7. ¿Crees que tu mamá sabe manejar su rol de acuerdo a su edad? ¿Por qué?

8. ¿Cuál de estas dos palabras describe mejor a tu mamá: ¿ensimismada o entrometida?

9. ¿Sientes que tu mamá tiene hijos preferidos? ¿Por qué?

10. ¿Cuál es el motivo por el que más peleas con tu mamá?

11. ¿Qué odias de tu mamá?

12. ¿Qué cosas no te enseñó tu mamá y te hubiera gustado que te enseñara?

13. ¿Qué cosas te motivó a hacer con las cuales hoy no estás de acuerdo?

14. ¿Cómo reaccionas cuando tu mamá se pone «intensa»?

15. ¿Cuál es la mayor enseñanza de tu mamá respecto a dirigir un hogar?

16. ¿Cómo es/era el trato de tu mamá hacia tu papá?

17. ¿Qué palabras hirientes te dijo tu mamá que hasta el día de hoy rondan en tu cabeza?

18. ¿Como quién te gustaría que fuera tu mamá?

19. ¿Cómo te gustaría o te hubiera gustado que se viera respecto a su aspecto físico?

20. ¿Qué es lo que más juzgas de tu mamá?

21. ¿Qué no admiras de tu mamá?

22. ¿En qué área de su vida no ves o no viste fruto?

23. ¿Por qué motivos sueles o solías competir con tu mamá?

24. ¿Qué te enseñó tu mamá respecto al sexo?

25. ¿Qué te enseñó tu mamá respecto a ser mujer?

26. ¿Cuál es la razón por la cual admiras o admirabas a tu mamá?

Un momento en el Cielo

Señor, tu palabra dice: «perdona nuestras ofensas como también nosotros perdonamos a los que nos ofenden». Te entregamos hoy todo el dolor, la soledad, la tristeza, la rabia por no tener la mamá que nos hubiera gustado tener, y recibimos del perdón con el que tú nos perdonaste a nosotros. Te pido que hoy pueda perdonar a mi mamá, y te pido también que pueda perdonarme a mí misma como mamá; los errores que he cometido, los patrones que he repetido. Recibo de tu gracia y de tu perdón sanador.

Echo fuera todo espíritu de estupor que cierra mis oídos al consejo o guía de mi mamá y de otras mujeres. Echo fuera a Jezabel, el espíritu que quiere controlar mi vida, traer caos y llevarme a querer controlarlo todo. Echo fuera de mi vida la rebeldía que me lleva a hacer las cosas a mi manera, que me lleva a creer y argumentar que siempre tengo una mejor forma de hacer las cosas. Se va de mi vida la competencia, la rivalidad, la pelea entre mujeres, la rabia y el odio contra mi mamá y mi género.

En el nombre poderoso de Jesús renuncio a creer que ser mujer es lo peor y me lleno de tu Espíritu Santo.

Ahora vas a tomar la mano de Jesús y vas a ver tu corazón como una galería de arte donde hay muchas imágenes de situaciones con tu mamá que te hirieron y te hicieron daño, pero también hay cuadros de errores que tú has cometido como mamá. Jesús va a pintar esos cuadros con su amor y va a poner un corazón nuevo y sano en ti.

Señor, gracias por pintar con tu amor mis errores y los errores de mi mamá, recibo tu perdón y decido darlo a otros.

¿Y qué clase de mamá eres?

¡Me encanta viajar! En los viajes puedo ver diferentes culturas, conocer personas de todas las partes del mundo y aprender de otros. En uno de estos viajes me di cuenta, existen diferentes estilos de mamás y a través de los años he visto esto tipos de mamás en los que te invito a que reflexionemos juntas:

Perfeccionistas: para este tipo de mamás todo tiene que ser perfecto. Estábamos en un hotel y durante varios días observé el comportamiento de una familia en particular. Una mañana mientras desayunábamos, vi a una niña de cuatros años que dejó caer los cubiertos y se ensució la ropa con la comida (cosas normales que pasan a esa edad), su mamá la regañó tan fuerte que la hizo llorar; y esa no era la primera vez que pasaba. La niña obviamente no se comportaba como una adulta y no era perfecta y era evidente que para su mamá eso era gravísimo.

Controladoras: ellas forman a su familia como si fueran militares, dando órdenes y sometiéndolos a todos a sus formas de hacer las cosas. Estas mamás están convencidas que el orden se gana a gritos y ordenes estrictas.

Egoistas: una de estas mamás llegó al *lobby* del hotel como un pavo real. Perfectamente vestida, arreglada, mirándose al espejo, con muchos lujos y con muchas cirugías encima; se notaban (jajaja). Lo único que le importaba en este mundo era ella misma, sus hijos estaban pegados a sus celulares y su esposo giraba alrededor de lo que ella quisiera.

Mártires: estas mamás siempre están sufriendo, todo el tiempo tienen una mala noticia o una tragedia para contar. Generalmente están enfermas, tristes, deprimidas o llamando la atención por algo que no es fácil en sus vidas.

Las que viven en un helicóptero: pareciera que no hicieran parte de su familia, siempre están metidas en su propio mundo. Sus hijos les hablan y ellas simulan prestar atención, ¡Pero en realidad no! Siempre hay algo que se roba su atención y no es precisamente su familia. He visto muchas de estas madres almorzando con sus hijos, pero todo el tiempo viendo sus celulares totalmente desconectadas de ellos. Presentes de cuerpo, pero ausentes de mente, son inexpresivas e indiferentes; parecen un mueble de la casa, ahí están, pero son inertes.

Permisivas y alcahuetas: ellas dejan que sus hijos hagan lo que quieran con tal de tenerlos tranquilos y evitar problemas, prefieren eso a tener que invertir tiempo en ellos. Estas mamás no ponen límites porque ellas tampoco los tienen. Están desubicadas, no se han dado cuenta que crecieron y que son mamás, no saben en qué etapa de la vida están y en qué etapa están sus hijos, por lo tanto, no saben la función que deben desempeñar.

Inmaduras: creen que su fiesta de quince años acabó de pasar. Quieren hacer lo mismo que hacen sus hijos, comparten con ellos, pero no ocupando su rol de madres sino intentando ser otra adolescente. Se las puede ver haciendo planes para encontrarse en el bar para bailar y tomar algunos tragos.

Mamá «chévere» ('primorosa, graciosa, bonita, elegante, agradable[1]'): nos subimos a un ascensor y encontramos con una mujer que tenía aproximadamente cincuenta años de edad, estaba con su esposo y sus hijos, y parecía que eran una familia

---

1. Real Academia Española. (2014). Diccionario de la lengua española (23ª edición). Madrid: España. Consultado el 18 de diciembre de 2017.

feliz. Ella era una mujer agradable, nos saludó con una sonrisa y nos hizo reír en ese corto tiempo que estuvimos con ella. Este tipo de mamá muestra su lado más «chévere» en que le gusta hacer reír pero y quizás la mujer del ascensor era una buena madre pero yo he notado a algunas «mamás chéveres» que son parecidas a la permisiva o la inmadura porque le importa más ser popular y caer bien que ayudar a sus hijos a ser mejores personas.

Trabajadoras compulsivas: si las pusieran a escoger qué dejar tirado o abandonado sería a su familia, nunca el trabajo. Están esperando un ascenso y no van a dejar que se lo den a nadie más, por eso en los últimos años se la han pasado estudiando y preparándose para lograr cada vez una posición más alta; han hecho de su trabajo su seguridad.

«Pseudo bíblicas»: también la llamo la «gotera continua». Dan bibliazos porque creen que ser «bíblicos» es sinónimos de andar regañando y mostrando errores. Ella tiene la cara fruncida y pelea constantemente, y cuando se le mete un tema en la cabeza nadie se lo logra sacar.

Madrastras tipo Disney: ¿Recuerdas las siguientes historias? la madrastra de Blanca Nieves la mandó matar porque era más bonita que ella, la de Cenicienta le robó la fortuna y quería robarle el futuro también, y la de Rapunzel la encerró en una torre para que le sirviera como su fuente de eterna juventud. ¡Qué horror! Son malas, calculadoras y traman planes en contra de los hijos que su esposo tuvo en un matrimonio anterior.

Espero que no te hayas identificado con ninguna de las anteriores (jajaja), pero si sí, ¡tranquila! Dios todo lo que puede transformar y quiere darte de su poder para que llegues a ser una mamá increíble. Él sabe que somos imperfectas y que no podremos hacer esto solas.

María, una mujer común, pero llena del poder de vDios

María era una joven de Galilea, que a los ojos de la gente probablemente no era «gran cosa», pero fue sorprendida por el ángel Gabriel, enviado por Dios para encomendarle la tarea más importante del universo: ser la mamá del Salvador del mundo. ¿Por qué fue ella la elegida para semejante labor? Era una mujer justa ante los ojos del Señor y tenía un corazón especial. «… *¡Saludos, mujer favorecida! ¡El Señor está contigo!». Confusa y perturbada, María trató de pensar lo que el ángel quería decir. —No tengas miedo, María —Le dijo el ángel—, ¡porque has hallado el favor de Dios! Concebirás y dará a luz un hijo, y le pondrás por nombre Jesús».* (Lucas 1:28-30).

María no entendía cómo esto podría ser posible ya que era virgen. El ángel le explicó que todo sería obra del Espíritu Santo y que su hijo sería llamado Hijo de Dios. En medio de la incertidumbre y los nervios, María respondió así: «—*Soy la sierva del Señor. Que se cumpla todo lo que has dicho acerca de mí…*» (Lucas 1:38).

En términos de hoy sería como un alquiler de vientre, solo que María tenía que quedarse con el niño y criarlo. Ella sabía que no era una tarea fácil, pero se sometió totalmente al plan de Dios con su vida.

El ángel le había dicho que el Espíritu Santo vendría sobre ella (Lucas 1:35), y estoy segura que eso significaba que él le ayudaría en la difícil tarea de ser mamá, en el caso de María, nada más y nada menos que de Jesús, el Mesías.

Ayudador, Consolador

¡Necesitamos la ayuda del Espíritu Santo! Como en la historia de María, es posible que no seamos «gran cosa», pero Dios nos ha elegido para esta labor tan especial de ser mamás y hay muchas mujeres que quisieran nuestro lugar. Si piensas que no es fácil, yo te puedo entender. Cuando fui mamá por primera vez, mi papá se me acercó y me dijo: «*Hija, no sé qué te pasó, tú ya no eres feliz*», efectivamente me examiné y me di cuenta, algo me estaba robando el gozo. No era que no estaba agradecida de ser mamá o por mis hijos, pero definitivamente algo no estaba bien. Empecé a ser como un barco al que se le iban abriendo huecos poco a poco que dejaban entrar el agua hasta un punto en el que casi me ahogo. Mis emociones estaban sin control y la tristeza casi se apodera totalmente de mí.

* * * * * * * * * * * * *

hay muchas mujeres que quisieran nuestro lugar

* * * * * * * * * * * * *

Una de las cosas que más ansiedad le daba a mi corazón era la hiperactividad de Danny durante una etapa de su vida. Empecé a sentirme herida y rechazada al ver que no lo invitaban a ciertas reuniones sociales porque no se portaba juicioso y no se quedaba quieto; ¡Me dolía mucho! Cada vez que eso pasaba, iba a Dios y le pedía que su Espíritu Santo me llenara, que me diera fuerza para soportar la prueba. Llegué a sentirme apenada porque le pedía ayuda muchas veces… Sin embargo, en un momento de dolor le dije: «Aquí estoy una vez más, te necesito», entonces nació la canción «Espíritu Santo» que cantamos en nuestra iglesia.

Te anhelo, te deseo
Ven camina junto a mí
Tú me puedes entender
Consolador, sumérgeme
Inúndame de ti
Quiero llevar tu color en mí
Espíritu, inúndame de ti
Quiero estar en ti
Que me guíes en mi caminar

Gracias por estar aquí
Por estar en mí
Sosteniéndome, ayudándome
Consolador, Ayudador
Una vez más
Una vez más
Tú en mí
Ayudándome

¡Él llegó a cambiarlo todo! Dios me sanó y me llenó con su Espíritu Santo, me dio sabiduría, inteligencia y restauró el gozo a pesar de que la etapa de mi hijo no terminara de repente.

Él llenó mi corazón y también lo puede hacer contigo. Nuestra vida es como un carro que necesita gasolina, con el tanque vacío no funciona. Debemos ir a Dios, su presencia es nuestra gasolina, si el tanque de nuestra vida está lleno podremos cumplir con la tarea de levantar a nuestros hijos adolescentes de la mejor manera.

Si como madre no has tenido el placer de conocer al Espíritu Santo, permíteme presentarte al Dios que yo he conocido. Es la tercera persona de la Trinidad, el Shaddai (Dios Todopoderoso), y en mi caso, he podido experimentarlo como la expresión de Dios que puedo sentir femenina de él, que anhela tener una relación madre-hija conmigo. El Espíritu Santo quiere enseñarnos cómo ser mamás.

Cuando leí el Libro «La Cabaña» de WM. Paul Young casi me muero de la emoción. El autor describe a la tercera persona de la Trinidad como una mujer que cocina, que cuida de las flores y que pinta los aires de colores; y esa descripción me resultó muy personal a mí.

¿Qué desea hacer el Espíritu Santo de Dios en nuestras vidas?

- Él me guía. Nos dice qué hacer y qué no hacer.

- El me enseña a hacer las cosas de una mejor manera. Yo le pido que me haga dictados, así me rinde el tiempo y cumplo con todo lo que tengo que hacer.

- Me impulsa a dar y ser mejor.

- Me enseña a ser la clase de persona que otros necesitan de mí.

- Me consuela, escucha y entiende como la mejor amiga del mundo haría.

En pocas palabras: me impulsa y seduce a parecerme a Jesús.

¿Qué tenemos que hacer nosotras para disfrutar su relación con nosotras?

- Acercarnos. El Espíritu Santo es una persona, podemos relacionarnos con él fácilmente. Ten presente que tiene sentimientos, se alegra o se entristece de acuerdo a cómo nos comportemos con él.

- Nunca rendirnos. Día tras día debemos buscar que se manifieste a nuestras vidas.

- Desarrollar sensibilidad espiritual para oír y obedecer su voz. Siempre he pensado que el Espíritu Santo suena como una mamá: «Trae esto», «haz esto», etc. Cuando no le obedecemos, hace lo que haría una mamá y pone esa cara que solo sus hijos conocen (jajaja), así que debemos pedir perdón y volver a conectarnos con él.

El Espíritu Santo es «EL Consolador» y puede enjugar tus lágrimas. Es el Ayudador, y te va a dar herramientas para que puedas hacer lo que debes hacer; él te puede entender y sostener, como unas muletas o una silla de ruedas cuando sientes que no puedes caminar más. Si a tu alrededor todos te han ignorado, él se acercará a ti para hablarte y decirte justo lo que necesitas escuchar. ¡No estás sola! El Espíritu Santo está a tu lado y nunca te dejará.

Cuando me vine a vivir sola a Bogotá conocí a Dios y me enamoré de él. Su presencia se convirtió en mi lugar preferido en la tierra y aprendí a depender totalmente de él. El Espíritu Santo me enseñó a hacer muchas cosas que yo no sabía hacer por mi cuenta, como ser ama de casa, administrar un hogar, y hasta a peinarme y maquillarme. Él ha sido mi consejero, y aunque quién no conoce mi relación con él pueda pensar que es raro afirmarlo así; él ha sido mi mamá, además de mi papá.

El Dios que resucitó vive en mí

No podemos ser como ninguna de las mamás que describí al inicio de este capítulo. Podemos ser madres llenas del Espíritu Santo para llevar a cabo la labor que ha sido encomendada a cada una de nosotras: levantar las siguientes generaciones. Dejémonos llenar de su presencia para que brote en nosotros su fruto. *«… La clase de fruto que el Espíritu Santo produce en nuestra vida es: amor, alegría, paz, paciencia, gentileza, bondad, fidelidad, humildad y control propio. ¡No existen leyes contra esas cosas!»*. (Gálatas 5:22).

* * * * * * * * * * * * *

Podemos ser madres llenas del Espíritu Santo

* * * * * * * * * * * * *

En el Antiguo Testamento el Espíritu Santo venía sobre las personas en momentos determinados con propósitos específicos, pero a partir del Nuevo Testamento, el Espíritu Santo es enviado al mundo para habitar en todo aquel que acepta a Jesús en su corazón y lo reconoce como Señor. El poder que levantó a Cristo Jesús de la muerte habita en nosotros (Romanos 8:11).

Un momento en el Cielo

Señor, así como María fue llena del Espíritu Santo, hoy te pido que me llenes, me inundes y me cambies. Tú me puedes entender, tú me puedes consolar, tú me puedes sostener en momentos de prueba. Gracias porque puedo ir a ti una y otra vez y tú no nunca te vas a cansar de mí.

Espíritu Santo, hoy te pido que mi vida sea sumergida en tu presencia y que brote en mi corazón tu fruto. Saca de mi vida el odio, la ira, la tristeza, la depresión y la frustración.

Te necesito, lléname de ti. En el nombre de Jesús, amén.

Save the date
5/10/2013

****

Un café con mis hijos

****

Dios me conquistó con una taza de café, ¡Me encanta el café! Con el paso de los años aprendí a desarrollar una disciplina de oración que me gusta describir como «tomarme un café con Jesús».

En uno de esos momentos de «café con Jesús» sentí muy fuerte que Dios me animaba a que era tiempo de trabajar para que mi hija fuera mi mejor amiga. ¡Era un reto muy difícil! No solo porque tenía otras mejores amigas sino porque no estaba segura de cómo lograr eso.

Cambié mi forma de pensar y empecé a invertir tiempo intencional de calidad con Christy. Me enfoqué en ella, en escucharla y en conocerla. Creo que el mensaje de Dios iba más allá de solo ser amigas, él quería que yo entendiera la importancia de dejar un legado, y eso solo lo lograría si construía una relación de amistad con mis hijos.

Conozco ministerios que se estancaron porque los padres nunca construyeron una relación cercana y de confianza con sus hijos, lo que significó nunca pasar un legado.

Empecé a abrir mi corazón con Christy, a ella le contaba todas las maravillas que Dios hacía a mi favor como también las situaciones difíciles por las que atravesaba. Nuestros temas de conversación cada vez se tornaban más interesantes y profundos.

Pronto pasamos a la etapa de hacer planes juntas. Pasábamos tardes enteras mirando referencias de diseño, fotos, flores, videos de baile que sirvieran para el grupo de danza de la iglesia y cosas simples que pudiéramos compartir. Creo que nunca fui consciente que en realidad estaba logrando algo más que simplemente pasar un tiempo divertido juntas, estaba entrenando a mi hija en el trabajo que yo hago al interior de la iglesia.

Danny de vez en cuando se unía a nuestros planes y conversaciones, y en una de nuestras «tardes artísticas» descubrimos un curso de 3D, un tema que a él le encanta. Fue al curso, aprendió mucho, y desde ese día hace parte del equipo de producción de nuestra iglesia, «El Lugar de Su Presencia.»

Cuando llegó el momento en el que Christy debía elegir su carrera universitaria, para ella fue una decisión fácil; finalmente ya había sido entrenada por su mamá en todos los temas relacionado con el diseño.

Si nosotros como padres nos convertimos en los mejores amigos de nuestros hijos, si somos la influencia que más pesa en sus vidas y la voz que ellos más escuchan, lograremos mantener lejos de sus corazones las malas influencias, los amigos que no les convienen y las personas que quieren dañarlos.

Ningún adolescente se resiste al amor

Durante años trabajé con adolescentes y lo pude notar sin temor a equivocarme, lo que ellos más necesitan es sentir que alguien los ama, cree en ellos y los acepta tal y como son.

En una campaña contra las drogas que hicieron en los Estados Unidos llamada «para que tus hijos no se metan en las drogas, métete en su vida», mostraban algunos padres teniendo tiempo de calidad con sus hijos. El mensaje principal de la campaña era que ser parte de la vida de los adolescentes es la solución a este problema que tanto afecta nuestras sociedades.

* * * * * * * * * * * *

Lo que ellos más necesitan es sentir que alguien los ama

* * * * * * * * * * * *

Cuando un adolescente se emborracha, fuma, se droga o simplemente se vuelve rebelde, está gritando: «¡Ámame!». Lo pide a gritos porque lo necesita.

La manera como le demuestras amor a cada uno de tus hijos tendrá que variar dependiendo de la personalidad y de sus gustos particulares.

Quién llegó a ser el líder de alabanza principal en nuestra iglesia, fue un adolescente difícil de amar. Él y sus amigos eran muy rebeldes; haciendo mala cara por todo, llamando la atención, luciéndose y haciendo show, es decir, siendo adolescentes (jajaja). Oré y le pedí a Dios que me mostrara qué estaba pasando con ellos, ¿De quién estaban tratando de llamar la atención? ¡De sus papás!

Así que me fui a hablar con los papás de él y cada uno de sus amigos y les dije que era necesario empezar un trabajo con sus hijos de manera urgente. Después de ponerlos en el contexto de la situación, saqué a las mamás de la oficina y les dije: *«Gracias por su apoyo, pero necesito que el que más esté involucrado en este trabajo sea el papá, de sexo masculino, no ustedes»*. Como buenas mujeres, ellas ya tenían lugar, fecha y hora para empezar el trabajo, pero yo quería también responsabilizar a los papás de la tarea.

Les mostré los videos de la campaña contra la droga y les puse la tarea de pasar tiempo de calidad con sus hijos mínimo dos horas a la semana.

Te invito a leer el testimonio de uno de los papás de este grupo de adolescentes. Es un poco largo, pero cada palabra vale la pena.

«Cuando Rocío me llamó para hacerme algunas recomendaciones puntuales con respecto a la relación con mi hija mayor me sentí sorprendido. Consideré por muchos años que era un papá ejemplar, porque suplía todas las necesidades materiales de mi familia; este fue el modelo que recibí en mi casa y era obvio que continuaría por el mismo camino. La llamada me alertó porque mi hija, con algunos de sus comportamientos, estaba revelando lo que había en su interior y nunca me había dado cuenta cuanto yo tenía que ver.

Las tareas que me recomendó no se hicieron esperar. Reconocí que Dios estaba detrás de esto y así lo asumí. Tengo que aceptar que al principio no fue fácil, pero me mantuve en obediencia y tuve que pedirle ayuda al Señor para lograr el propósito que él me había planteado. Con el paso del tiempo y al darme cuenta de los errores cometidos, solo pensaba: '¿Por qué no hice esto antes? ¿Cuánto tiempo perdí?'.

La verdad es que la experiencia fue inolvidable y nuestra relación creció. Ganamos papá e hija y también ganó mi esposa, quien siempre se preocupó por nuestra relación. Hoy veo que también ganó el Reino de Dios, porque él no se equivocó al establecer a la familia y al empoderar a los hombres como sacerdotes del hogar. Gané una hija que hoy sirve al Señor con pasión.

Concienzudamente creo que muchas cosas cambiaron y estoy eternamente agradecido por ellas:

- *Pasamos tiempo exclusivo entre papá e hija. ¡Esto en realidad era necesario! Yo también era de aquellos que la ponía ver televisión sin compartir realmente tiempo con ella.*

- *Logré entender la concepción de vida desde la perspectiva de una adolescente y sobre todo desde los ojos femeninos.*

- *Descubrí una nueva amiga con quien hablar, reír, cocinar, caminar y compartir secretos sin miedo a ser juzgado.*

- *Nuestra relación pasó de monosílabos a tener temas muy interesantes de qué hablar.*

- *Entendí que su mundo es importante y que tenía que aprender a escucharla; además, ¡me encanta como habla! Déjenme decirles que es un placer que nuestros hijos hablen, pero nada se compara al placer de comprender su corazón detrás de cada una de sus palabras.*

- *Sus expresiones de amor fueron palpables y pareciera que al sembrar atención en ella tuviera una nueva hija. El fruto del mal genio y de las respuestas ásperas dejó de brotar, y en cambio empecé a cosechar expresiones de amor que hasta el día de hoy mantenemos.*

- *Logramos desarrollar actividades divertidas juntos. Superamos la excusa de 'no hay dinero' y fuimos creativos para disfrutar el tiempo y la compañía.*

- *Aprendí que el diablo y nuestras diferencias querían separarnos, pero lo que más agradezco de este tiempo es que Dios habló a nuestras vidas para ayudarnos a disfrutarnos el uno al otro y así establecimos una nueva base en la relación.*

Es cierto que los hijos son prestados y que algún día se irán de casa. Mi pastora sabiamente cuando me confrontó me dijo: 'Su hija solo estará un tiempo más con ustedes, ¿con qué recuerdo quiere que se vaya?'.

Desde ese día y antes de su matrimonio esa pregunta retumbó en mis oídos. Sin lugar a dudas creo que valió la pena hacer la tarea porque hoy nuestra relación tiene un sello de deleite». Espectacular, ¿Verdad? Esta historia es un ejemplo de que en la adolescencia especialmente, nuestros hijos entienden más el amor a través de nuestras acciones concretas que nuestras palabras o el simple hecho de que pagamos las cuentas.

No los ignoremos, démosles el lugar que les corresponde, hagamos que su palabra valga al interior de nuestro hogar y no tengamos en poco su juventud.

«Que nadie te menosprecie por ser joven. Al contrario, que los creyentes vean en ti un ejemplo a seguir en la manera de hablar, en la conducta, y en amor, fe y pureza». (1 Timoteo 4:12).

La adolescencia es una etapa de la vida que se caracteriza por los cambios hormonales que experimentamos. En resumidas cuentas, a un adolescente promedio no le gusta lo que ve en el espejo todas las mañanas porque evidencia cambios drásticos en su cara y en su cuerpo, así no es fácil que se ame a sí mismo. Nosotros como papás somos los encargados de amarlos y afirmarlos en esta etapa de la vida en donde ni ellos entienden por qué se sienten como en una montaña rusa de emociones.

Amor en acción

Debemos rodear a nuestros hijos con buenas acciones, no llenarlos de cosas materiales que ellos puedan sentir como un «conténtate con esto y no molestes». Amar a nuestros hijos significa disfrutar esta etapa y sacarle el mayor provecho, no pierdas de vista que un día se irán y nos podemos arrepentir por haber perdido tanto tiempo peleando y quejándonos.

Riámonos de sus chistes y de sus «bobadas». No hay personas en el mundo que me hagan reír más que Christy y Danny.

Amar también es saber quiénes son sus amigos e invitarlos a nuestra casa para que hagan planes y coman rico (recuerda que están en crecimiento). Diviértete con ellos, hazte la loca y presta atención a lo que están hablando. Interesarse por sus temas, aunque para ti sean cosas de niños, es un acto de amor.

Amar es servirnos mutuamente, cuidarnos los unos a los otros y trabajar para que todos en la familia estemos bien.

✵✵✵✵✵✵✵✵✵✵✵✵✵

Interesarse por sus temas, aunque para ti sean cosas de niños, es un acto de amor

✵✵✵✵✵✵✵✵✵✵✵✵✵

Amar es no cansarse de hacer el bien. «*El amor es paciente y bondadoso. El amor no es celoso ni fanfarrón ni orgulloso ni ofensivo. No exige que las cosas se hagan a su manera. No se irrita ni lleva un registro de las ofensas recibidas. No se alegra de la injusticia, sino que se alegra cuando la verdad triunfa. El amor nunca se da por vencido, jamás pierde la fe, siempre tiene esperanzas y se mantiene firme en toda circunstancia*». (1 Corintios 13:4-7). Durante la etapa de adolescencia de nuestros hijos debemos tener muy presente este pasaje de la Biblia, especialmente donde dice que el amor es paciente. No nos cansemos, perseveremos, cobremos ánimos en la verdad de que Dios nunca se cansa de nosotros a pesar de nuestros errores y fallas.

Amar es dejar de demandar y de exigir. Mi hija pasó seis meses en Australia estudiando y trabajando, pero cuando llegó parecía otra persona. ¡Oh, no! Yo tenía unas expectativas inmensas respecto a su llegada a Colombia porque la había extrañado demasiado. Quería besarla, abrazarla, contarle mil cosas que me habían pasado durante su ausencia y estar pegada a ella como un «pegote». La realidad es que ella llegó con sus propios líos por resolver y retomar nuestra relación no fue nada fácil.

Entonces Dios me preguntó: «¿Qué harías si Christy no fuera cristiana? ¿Qué harías para acercarte a ella?». Después de pensarlo bien le dije: «La amaría. Nada ni nadie se puede resistir al amor, el amor es indestructible, todo lo soporta». Así fue, solo bastó con un poco de amor para que ella abriera su corazón, lloró y me contó sobre sus cargas y problemas; finalmente todo salió bien. ¡Increíble!

Amar es decir la verdad con amor. En ocasiones tendremos que hacer un alto e ir a un lugar apartado para expresarle a Dios nuestros sentimientos y perdonar antes de hablar con nuestros hijos. «*La respuesta amable calma el enojo, pero la agresiva echa leña al fuego*». Proverbios 15:1 (NVI).

Amar es dejar de mirarnos el ombligo; el antídoto contra el egoísmo es el amor. Como mujeres podemos poner en riesgo nuestro hogar cuando solo pensamos en nosotras mismas; somos las encargadas de que todo en nuestra casa funcione bien, y si solo estamos pendientes de nuestras necesidades vamos a descuidar todo lo demás.

Mi suegra se llama Joy, y ella quiso darle el siguiente significado a su nombre: Jesús, otros y yo. ¡Me encanta! Así debe ser nuestra vida, primero poner nuestros ojos en Jesús, después en nuestra familia y por último en nosotras mismas.

Amar es no enojarse fácilmente, esto significa dejar de ser hipersensibles y exageradas. Les confieso que a mí me gustaba pelear, pero un día Dios me salió al encuentro con este versículo: «*Al que le gusta pelear, le gusta pecar...*». (Proverbios 17:19).

Dios es la fuente de amor

No podemos depender de nuestra propia capacidad de amar porque somos humanos y tenemos un límite, pero el amor de Dios es inagotable. Amar a otros con el amor de Dios es una de las mejores decisiones que podemos tomar, ya que así le daremos gloria al Señor y todos sabrán que somos sus hijos.

«*El amor que tengan unos por otros será la prueba ante el mundo de que son mis discípulos*». (Juan 13:35). Este es el versículo que Dios me recuerda cuando se me agota el amor por algún miembro de mi familia (jajaja).

Diciendo y haciendo

Si a tus hijos les parece aburrido ir a tomar café, entonces sal con ellos a comer una hamburguesa o una porción de pizza, ¡sean creativos! Si no hay dinero para salir a un restaurante, haz perros calientes o *hot dogs* en casa; arma un plan de acuerdo a tus posibilidades. El propósito de tener este espacio es demostrarles a tus hijos que los amas invirtiendo un poco de tu tiempo en ellos.

¡Que se diviertan!

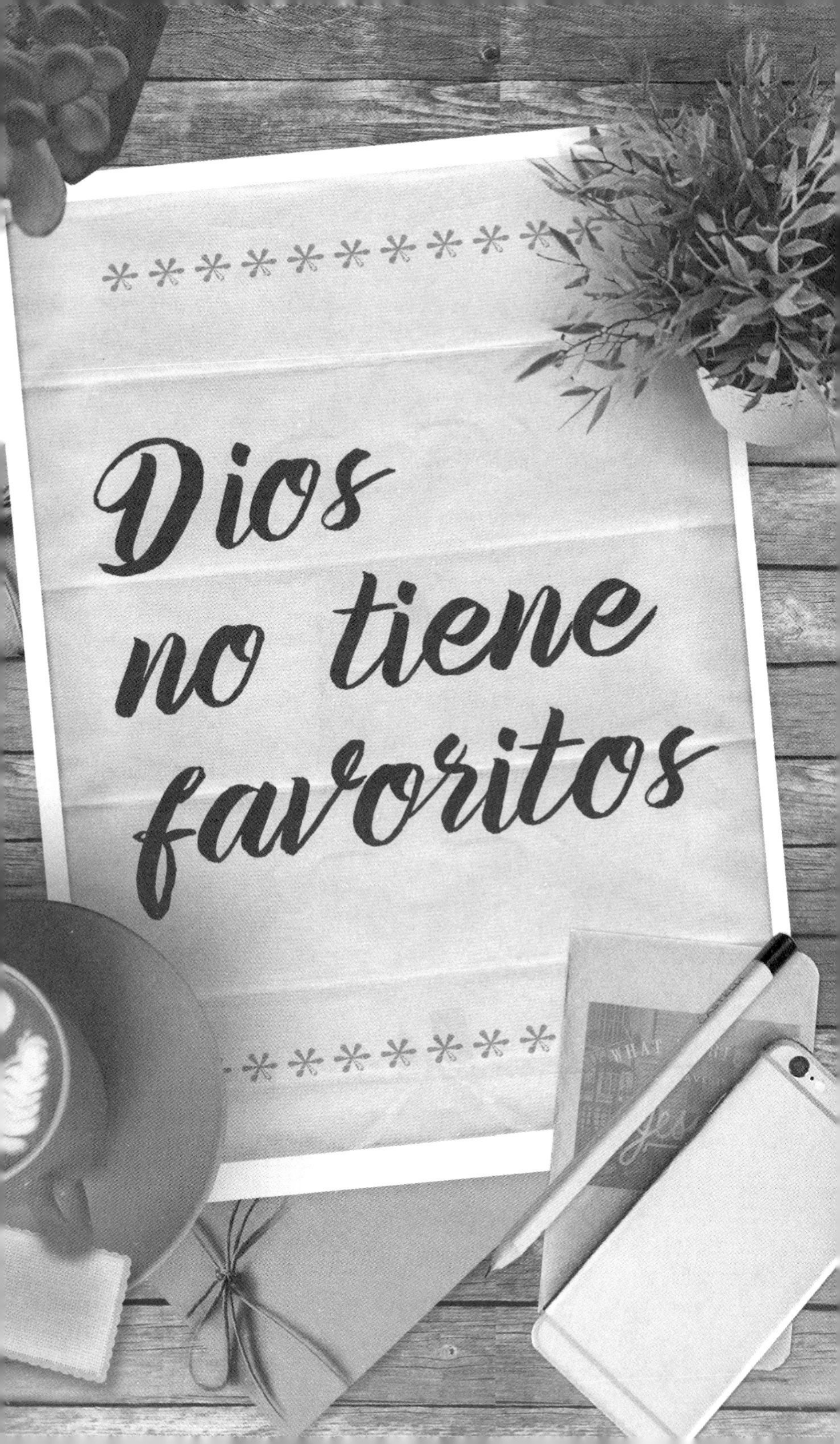
Dios
no tiene
favoritos

Un día entré a mi lugar de oración y me encontré con una nota que decía: *«Aquí está tu hijo favorito»*. Era una foto de Daniel, Christy la había dejado ahí con la intensión de expresar lo que había en su corazón. En el momento me sorprendí, pero como siempre pasa cuando no sé qué hacer, Dios me dio una salida.

«Sí, Danny es mi hijo favorito», le dije. Ella quedó muda y me abrió los ojos, no se esperaba una respuesta así. *«Y tú eres mi hija favorita»*, dije enseguida. ¡Fin del problema! Los dos son mis hijos favoritos.

Dios creó a cada ser humano con características únicas y especiales, y todos necesitamos sentirnos aceptados tal y como somos. A nadie le gusta sentirse rechazado y nuestros hijos no son la excepción. Si tienes más de un hijo(a) te recomiendo que prestes mucha atención a este capítulo.

Actos que abrazan

Así como una manta nos cubre en momentos de frío, los actos y las palabras de aceptación cubren a nuestros hijos con un calor que trae paz a su corazón.

Hay varios personajes en la Biblia que sintieron el frío del rechazo y necesitaron el calor de la manta de la aceptación y uno fue David. Él se sintió rechazado en cierto momento de su vida. Dios había desechado a Saúl como rey de Israel por desobediente, así que el profeta Samuel debía cumplir con la orden del Señor de ungir un nuevo rey.

Samuel sabía que ese nuevo rey era uno de los hijos de Isaí, pero todavía estaba por descubrirse cuál de todos. Uno a uno los hijos de Isaí hacían su aparición frente a Samuel sin saber que él estaba esperando que Dios le mostrara cuál el elegido.

Después de conocerlos a todos, Samuel le preguntó a Isaí: «–¿Son estos todos los hijos que tienes? *–Queda todavía el más joven –contestó Isaí–. Pero está en el campo cuidando las ovejas y las cabras».* (1 Samuel 16:11). ¡Pareciera que Isaí ni siquiera se acordara que tenía un hijo menor! Podríamos decir que David creció sintiéndose rechazado por su familia, incluso algunos estudiosos han sugerido que no era hijo legítimo de Isaí basados en lo que dicen versículos como el (Salmo 51:5): *«Pues soy pecador de nacimiento, así es, desde el momento en que me concibió mi madre».* La interpretación que se le da a este pasaje es que David pudo haber sido hijo de la esposa de Isaí con otro hombre.

Dios, en cambio, lo tenía muy presente. *«Y el Señor dijo: –Este es, úngelo».* (1 Samuel 16:12). Pero aun cuando es ungido como rey, David continúa experimentando el rechazo por parte de sus hermanos.

Un día Isaí mandó a David a llevarles comida a sus hermanos que se habían unido al ejército de Saúl para pelear contra los filisteos. Cuando llegó al lugar escuchó las burlas con las que el gigante Goliat amenazaba al ejército de Israel.

Eliab, el hermano mayor de David, lo vio y le preguntó: *«–¿*Qué estás haciendo aquí? *–le reclamó–. ¿Qué pasó con esas pocas ovejas que se supone deberías estar cuidando? Conozco tu orgullo y tu engaño. ¡Solo quieres ver la batalla!»* (1 Samuel 17:28). Se burló de su trabajo como pastor y le dijo que una persona «como él» no debería estar ahí.

A pesar del rechazo de su familia, David encontró fuerza y abrigo bajo la gran cobija de aceptación de Dios.

Todos hemos sentido el frío del rechazo en algún momento de nuestra vida, pero después del acto de Jesús en la cruz, podemos correr a los brazos de Dios para entrar en el calor de su aceptación.

> *«Dios decidió de antemano adoptarnos como miembros de su familia al acercarnos a sí mismo por medio de Jesucristo. Eso es precisamente lo que él quería hacer y le dio gran gusto hacerlo». (Efesios 1:5).*

Una mamá me escribió esta carta:

> *«Soy madre de dos hijas mujeres y desde que eran bebés noté la gran diferencia entre sus personalidades y formas de ser. La manera de jugar, de dormir, de pedir las cosas, e incluso su forma de obedecer, eran evidencias de que estaba frente a dos polos opuestos.*
>
> *Me hice el firme propósito de no compararlas, pero, aunque uno como mamá no lo haga, la gente sí. Así fueran gemelas, siempre habría una «más» que la otra; aunque eso no fuera verdad.*
>
> *Al darme cuenta de la particularidad de cada una de mis hijas, entendí que no podía darles el mismo trato a las dos. Dediqué el tiempo suficiente para entenderlas y conocer sus necesidades individuales.*
>
> *Mi hija mayor es extrovertida, su temperamento es burbujeante, sus dones sobresalen fácilmente, es el centro de atención y una líder innata. Tuvimos que ponerle freno, no podíamos darle ni por un segundo el chance de que tomara nuestro lugar, porque lo hubiera hecho sin dudarlo. Mi esposo y yo íbamos delante de ella, liderando con seguridad y firmeza.*

Mi hija menor tiene un temperamento más tranquilo y es tímida, sin embargo, es firme. Sabe claramente lo que quiere y lo que no, necesita argumentos válidos para tomar decisiones, es analítica y esquemática. En muchos casos tuvimos que armarnos de argumentos sólidos para convencerla de hacer algo, y en otras ocasiones tuvimos que impulsarla a salir de su zona de confort y asumir riesgos.

A las dos les gusta la música desde pequeñas, y hoy Dios las usa en el ministerio de alabanza; no pude contener las lágrimas el primer día que las vi cantando juntas en la iglesia. Mi hija mayor se abrió paso sola, pero lograr que la menor dejara salir su don no fue tarea fácil. Yo sabía que en ella había dones escondidos, más de los que se veían a simple vista, y si nosotros como papás hubiéramos sido pasivos al aceptar los argumentos con los que disfrazaba su temor, seguramente esos dones seguirían enterrados.

La noche anterior a una de sus presentaciones, mi hija menor se moría del miedo. Llorando me suplicaba que no la obligara a ir, pero yo sabía que a pesar del temor, había un deseo en su corazón de ir a la iglesia a servir a Dios. Aunque la escuché y entendí lo que le pasaba, fui firme: 'Tienes que hacerlo, no hay opción. Dios te va a pedir cuentas por este don que estás intentando evadir'. Yo era consciente de sus horas de ensayo, de su pasión y de su don; si yo hubiera visto que no lo hacía bien habría sido la primera persona en decírselo, pero no era así. Ella tenía miedo de exponerse ante la gente.

Hoy mi hija me agradece por haberla impulsado a conquistar y a dejar de escuchar la voz del enemigo que quería hacerla retroceder.

Mi esposo y yo damos gracias a Dios porque con su sabiduría pudimos identificar a tiempo las diferencias entre nuestras dos hijas, las aceptamos y pudimos suplir lo que cada una necesitaba como persona única y especial».

¿Y de qué van a vivir?

Por las venas de mis hijos corre un legado de cuatro generaciones de ministros, evangelistas, pastores y maestros de la Palabra de Dios. Sus bisabuelos, Patricio y Helena Symes, pagaron un alto precio como misioneros en Colombia; hoy nosotros cosechamos con alegría lo que ellos sembraron con lágrimas.

* * * * * * * * * * * *

No está bien intentar que ellos enmienden los errores que cometimos o las malas decisiones que tomamos en el pasado

* * * * * * * * * * * *

Como papás deseamos que nuestros hijos continúen con el legado y que lleguen mucho más lejos de lo que nosotros hemos llegado, esto es lo ideal, pero debemos ser cuidados y esforzarnos por entender el plan que Dios tiene para ellos. He conocido algunos papás que de alguna u otra manera han presionado a sus hijos para que continúen con su legado, pero en el camino han tenido choques de sueños, deseos y talentos.

No podemos imponer nuestros sueños en nuestros hijos, y mucho menos nuestros sueños frustrados. No está bien intentar que ellos enmienden los errores que cometimos o las malas decisiones que tomamos en el pasado. Es posible que nuestros hijos no tengan los dones necesarios para cumplir nuestro «sueño frustrado», y si se los imponemos podemos estar yendo en contra del sueño de Dios con sus vidas.

Muchas veces nos atrevemos a decirles a nuestros hijos: *«Yo quiero que hagas esto…». «Quiero que estudies esta carrera…». «Quiero que vivas de tal manera»*. Ni siquiera les preguntamos qué opinan o qué quieren ellos, y lo peor, no hemos tomado el tiempo para identificar sus dones y ayudarles a desarrollarlos. Como padres hemos diseñado un destino para nuestros hijos, pero si no está enmarcado dentro del plan de Dios, opacaremos su brillo e interrumpiremos la máxima expresión de sus talentos, aún si nuestro plan es un ministerio en el templo y el ministerio de ellos está afuera.

Procuremos no usar la frase: *«Yo soy tu mamá y se hace lo que yo digo, y punto»*. Lo único que lograremos con esto es una reacción de rebeldía. A menudo escucho adolescentes diciendo frases muy difíciles de asimilar como las siguientes: «Déjame vivir mi vida». «Yo quiero elegir por mí mismo, tú ya viviste tu vida». «Puedo hacer con mi vida lo que quiera», etc. Podemos evitar esto si los inspiramos a encontrar el sueño de Dios en lugar de subyugarlos a nuestros deseos.

Cuando llegó el momento de que Christy eligiera su carrera universitaria, mi esposo quería que ella estudiara Comunicación Social. Leímos el pénsum y lo primero que pensé fue: «Mi hija se va a morir de tedio estudiando eso, ella es una artista». Hablé con mi marido y los dos estuvimos de acuerdo con que los dones de Christy no apuntaban a que estudiara Comunicación. Podemos decir que nuestra hija estudió lo que le apasiona, además el diseño le fluye de manera innata.

Danny también tuvo la libertad de elegir lo que quería estudiar. Fue muy lindo ver cómo mi esposo y mi hijo hacían «plan de hombres» para decidir por la mejor carrera, y cuando Daniel nos comparte todo lo que está aprendiendo en la universidad, nos alegramos porque sabemos que eligió lo correcto.

Es probable que como padres debamos morir al sueño que teníamos para nuestros hijos. Por ejemplo, el famoso abogado que anhela que su hijo continúe en su bufete de abogados, pero él decide que quiere ser músico. *«¡No! ¿De qué vas a vivir?»*, diría este papá angustiado. ¿Pero qué pasaría si decidiera apoyarlo en lugar de escandalizarse?

Mathew Knowles decidió apoyar incondicionalmente el sueño de su hija de ser cantante, ella se llama Beyoncé. Andrea Swift también creyó en el talento de su hija, Taylor Swift, quien se convertiría en una de las cantantes más famosas de los últimos tiempos. ¿No sabes de quién te estoy hablando? Pasa tiempo con tus hijos o hijas, ellos te pueden explicar (jajaja). Estas historias nos enseñan que nunca debemos menospreciar los sueños de nuestros hijos, aunque claro, también pueden ser inversas porque muchos hoy quieren para sus hijos fama y popularidad en vez de seguridad y sobre todo, obediencia a Dios.

Cada uno de tus hijos es un ser individual, con un llamado y un destino específico, no son una manada de ovejas o clones que van todos para el mismo lado. Recuerda, sus dones confirman su llamado. Lee entre líneas para qué son buenos, y también para qué son malos (seamos sensatas…). Analiza sus fortalezas y sus debilidades, y ayúdalos a ser la mejor versión de ellos mismos.

Los enemigos de la aceptación

La comparación : ¿Nos gustaría que nuestro esposo nos comparara con una compañera del trabajo? ¿Qué pasaría si nos dijera la siguiente frase? *«¡Esa mujer tiene un cuerpazo! En cambio, tú…»* Nos sentiríamos inferiores y maltratadas, ¿Verdad? De la misma manera se sienten nuestros hijos cuando los comparamos con otras personas y déjame decirte que lo último que necesita un adolescente es sentirse inferior.

Cuando comparamos a nuestros hijos estamos afectando directamente su autoestima y les estamos afirmando que hay otros mejores que ellos o ellas. Dejemos de compararlos y soplemos aliento de vida sobre sus vidas, resaltemos sus cualidades y celebremos sus logros.

Exigir, exigir y exigir : nuestros hijos están creciendo, son inmaduros en algunas áreas y esto es absolutamente normal. No les podemos exigir como adultos porque sencillamente no lo son. Claro que debemos retarlos a ir más lejos, a hacer mejor las cosas y a cambiar hábitos negativos, pero no podemos ser intensas recalcando sus errores y faltas.

¡Cambiemos de enfoque! No nos gustaría que Dios solo nos exigiera y exigiera todo el tiempo, lo veríamos como un tirano. ¿Será que así nos perciben nuestros hijos?

Ten presente que no podemos exigirles a nuestros hijos algo que no les hemos enseñado a hacer, eso sería injusto. Cambiemos la exigencia por trabajo en equipo, como lo haría un buen *coach* o un entrenador, exige, pero también guía, para que todo el equipo alcance la victoria.

Juicio y crítica : las palabras de juicio dejan cicatrices en el corazón de nuestros hijos. «La sabiduría no juzga lo que no conoce», así que antes de juzgarlos hablemos con ellos para entender sus razones y démosles el beneficio de la duda.

Cuidado con el «tonito», la forma en la que decimos las cosas. Mi hijo me dijo un día: «Mami, tienes razón en todo lo que dices, pero tu tono me hace querer llevarte la contraria». ¡*Oops!* No podemos perder batallas solo por nuestro tono de voz, ¡Vamos a cambiarlo!

Complejo de superioridad : creer que nosotras lo sabemos todo y que nuestros hijos no saben nada. Ser mamás no nos garantiza que tengamos todas las respuestas, ellos también pueden opinar e incluso, nos pueden enseñar muchas cosas.

No siempre vamos a tener el control total sobre la vida de nuestros hijos, en la adolescencia ellos están dando los primeros pasos hacia la independencia, y en lugar de retenerlos debemos guiarlos y enseñarles cómo tomar decisiones. ¡Los errores son permitidos! Todos podemos equivocarnos.

Diciendo y haciendo

Haz una lista de cinco dones que tiene tu hijo y/o hija (una por cada uno de ellos):

1.

2.

3.

4.

5.

Haz una lista de cinco características especiales de tu hijo y/o hija (una por cada uno de ellos):

1.

2.

3.

4.

5.

Yo te suplico que los alabes y reconozcas en voz alta por todo lo que escribiste y, además, pídeles perdón si los comparaste con otras personas.

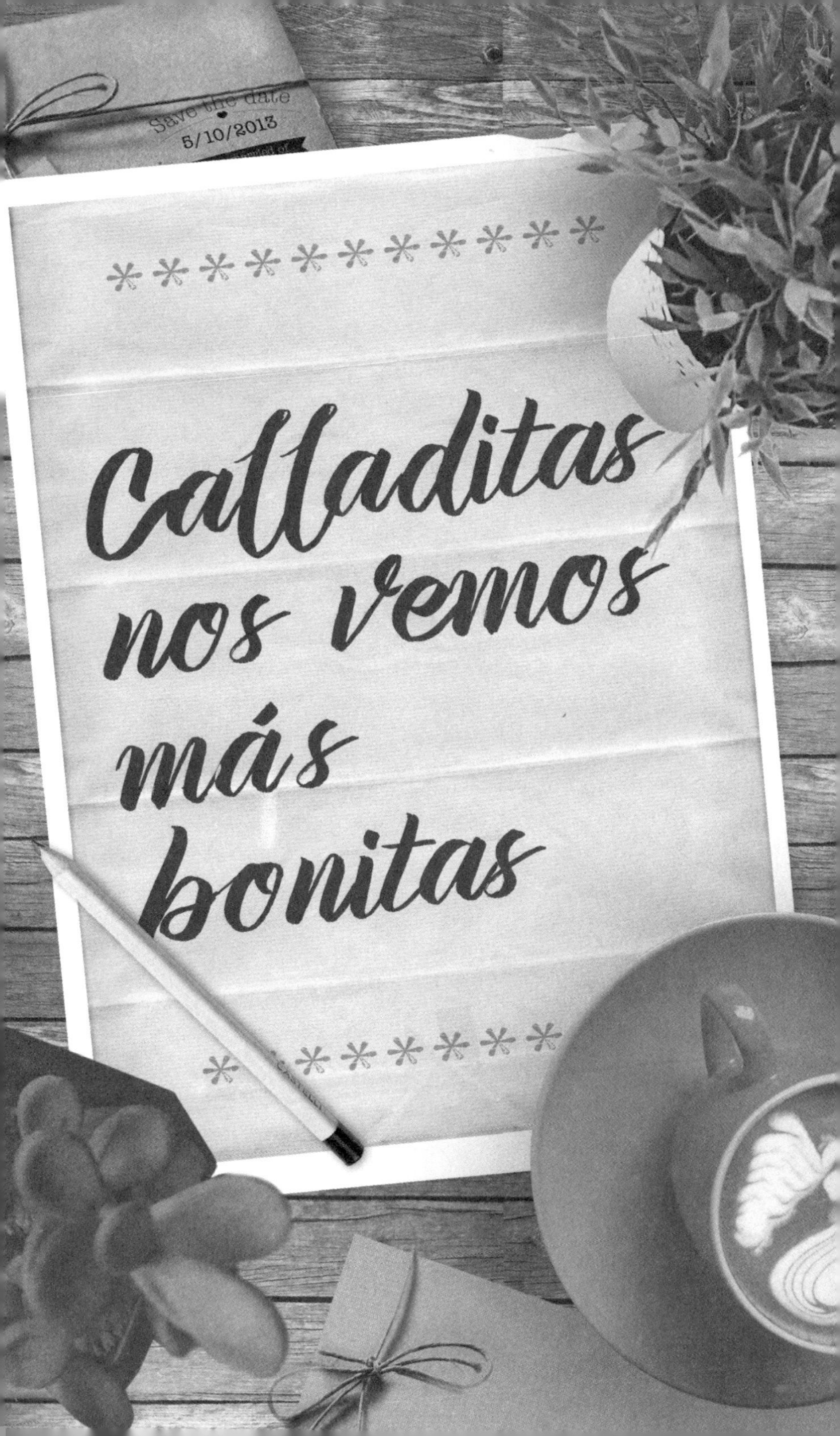
Save the date
5/10/2013
Calladitas
nos vemos
más
bonitas

Muchas veces me he enfrentado a situaciones difíciles en las que no sé qué decir y quedo muda. Mi cerebro está trabajando a mil, algunas de mis neuronas sostienen un periódico con el título: ¡Noticia de última hora! Otras están buscando en el banco de versículos cuál sería el preciso para decir. La carne me grita una cosa y el espíritu otra, pero aun así no logro decir nada; quedo petrificada. Esto me pasa porque siempre estoy pensando en las consecuencias que podrían traer mis palabras a futuro, por eso mido cada una de ellas.

Hace un tiempo viví una escena muy interesante. Estábamos por iniciar una de nuestras reuniones cuando me dicen que una de las niñas de la alabanza había dañado sus botas… Otra vez. *«¿Pero qué más le faltaba romper?»*, pensé; había dañado ya varias cosas.

Yo estaba enojada y había planeado muy bien el regaño que le iba a dar: *«Tienes que cuidar y valorar las cosas de la casa de Dios. Si no eres fiel en lo poco Dios no te* va a dar más».

Esos eran mis planes, pero cuando la tuve frente a mí, Dios me dijo claro: «Alábala». Inmediatamente comencé a bendecirla así: *«Tú eres una bendición, no pienses que Dios no te usa por ser la más chiquita. Te amamos».* La abracé y ella me miró asombrada. En ningún momento le hablé de las botas ni de las otras cosas que había dañado.

A los pocos días me enteré de su historia. Su nombre es Nora Zamora, una niña hermosa que fue fruto de la infidelidad de su papá. Doris, la esposa de su papá, decide no solo perdonarlo sino aceptar a la niña como su hija. En palabras de Norita, Doris es una mujer valiente y admirable que le permitió tener un nuevo hogar, y allí Dios le dio la oportunidad de vivir y soñar.

Norita conoció a Jesús cuando tenía diez años, pero un día sus «amigos» del colegio la influenciaron a emborracharse con tequila, ella accedió porque quería saber lo que se sentía estar borracha. Tomó tanto que resultó en una clínica intoxicada y a punto de morir; si hubiera tomado un poco más hubiera podido morir o quedar en estado de coma, o quizás con problemas motrices. Había tocado fondo, pero Dios la salvó y le dio otra oportunidad. A partir de ese momento tomó decisiones radicales entre las cuales estaba servir a Dios, como una manera de darle gracias por esa segunda oportunidad de vida.

Pasó el tiempo y un día le pregunté: «¿Te acuerdas cuando hablamos sobre lo especial que eres para nosotros? ¿Qué crees que pasó ese día?», ella respondió que yo era autoridad sobre su vida y que había decidido creer que lo que le había dicho era verdad. ¿Qué hubiera pasado si yo la regaño en lugar de obedecer la voz de Dios?

En uno de los testimonios que grabamos en nuestra iglesia, hubo una frase que dijo Germán Giraldo, un voluntario del equipo de Producción, que me impactó. La frase fue: «Me dijeron que era malo y me lo creí», yo le dije a Norita: «Tú eres buena» y se lo creyó.

Tu boca, tu arma secreta

«Lo que uno habla determina la vida y la muerte, que se
atengan a las consecuencias los que no miden sus palabras».
Proverbios 18:21 (PDT).

La Biblia enseña que hay un poder que puede cambiarlo todo, el poder de las palabras.

Acabábamos de conocer a nuestro amigo Andrés Spyker y a su esposa Kelly, pastores principales de la iglesia Más Vida en México, y nos pareció una buena idea ir a desayunar con ellos. Yo quería que mi hijo los conociera, en especial a Andrés, un hombre de Dios espectacular que iba a impactar su vida.

****

Calladas podemos ser poderosas

****

«Danny, quiero que vengas a desayunar con nosotros. Me gustaría que conocieras a éste pastor, yo sé que te va a gustar, te va a caer súper bien», le dije muy emocionada esperando que él se emocionara también. «No quiero ir» –respondió– y yo supe que era casi imposible hacerlo cambiar de decisión. En medio de mi frustración, el Espíritu Santo me recordó lo importante que es medir mis palabras, así que decidí ser una mujer sabia. Atrapé mi lengua entre las muelas y comencé a orar y a clamar a Dios. Mi esposo intervino y le dijo: «Danny, vamos», a lo cual respondió por segunda vez: «No quiero ir». Yo seguía orando, casi llorando en mi interior porque realmente sabía que Dios podría usar ese desayuno para inspirar a Daniel a ser un mejor hombre. Nos abrió la puerta con las llaves en la mano como insinuando que se iba a quedar en la casa; realmente estaba decidido a no ir. Unos minutos después, milagrosamente se subió al carro, ¡Yo no lo podía creer! ¡Mi oración había sido escuchada!

El desayuno terminó siendo un éxito, Danny habló con Andrés y Dios cumplió su propósito. ¡Yo estaba feliz! Entonces fue cuando me di cuenta que, esta conexión divina se hubiera podido dañar si yo le hubiera gritado, presionado u obligado. De esta experiencia aprendí que calladas podemos ser poderosas.

> *«El sabio habla poco y el inteligente se sabe controlar. Hasta un necio pasa por sabio si guarda silencio; se le considera prudente si cierra la boca.» Proverbios 17:27-28 (NBV).*

> *«El que mantiene la boca cerrada se libra de problemas.» Proverbios 21:23-24 (NBV).*

Tranquilízate, no es para tanto

Con nuestra boca podemos bendecir (hablar bien) o maldecir (hablar mal). La Real Academia Española define la palabra bendecir como «manifestar el aprecio o la admiración por algo o por alguien, poniendo de relieve sus cualidades o méritos». Y la palabra maldecir como «proferir palabras con que se expresa el vivo deseo de que alguien sufra mal o daño».

La Biblia también lo deja claro. Con nuestra boca podemos:

- Bendecir. *«La respuesta amable calma el enojo; la respuesta grosera lo enciende más».* Proverbios 15:1 (TLA)

- Alegrar. *«La angustia causa tristeza, pero una palabra amable trae alegría».* Proverbios 12:25. (TLA)

- Amar. *«Cuando habla, sus palabras son sabias y da órdenes con bondad».* Proverbios 31:26. (TLA).

Pero con nuestra boca también podemos hacer cosas negativas, te voy a dar algunos ejemplos:

Cuando yo era adolescente había un programa mexicano que se llamaba «La carabina de Ambrosio», una de las secciones del programa era «El mercado de lágrimas», y se trataba de que todo era una tragedia. Por ejemplo, un teléfono se descargaba y todos empezaban a decir: «¡No vive!, ¡se murió!, ¡está muerto! Era tan bueno (…) Siempre podía contar con él. Sniff!, sniff!» De la misma manera, nuestro problema es que todo lo llevamos al extremo y pensamos: «¡De esto me voy a morir!» (Léase con voz de tragedia).

A la asistente de mi esposo le dio una gripa horrible (y sí sé que solo los colombianos y mexicanos decimos gripa y no gripe). En esos días fuimos a una cita juntas y ella estaba realmente mal, no solo tenía mocos, ¡Ella sentía que se iba a morir! Yo trataba de cambiarle el tema, pero ella seguía hablando de su enfermedad; yo le lanzaba un salvavidas, pero ella seguía hundiéndose. Entonces oré y le dije a Dios: «Ayúdame a salvarla porque se murió». «Luisita, de esto no te vas a morir» le dije, «¿Te acuerdas cuando nos dio salmonela a todos nosotros? No nos morimos, ¿Te acuerdas de la operación que te hicieron hace tres meses? No te moriste; piénsalo bien, una gripa no es tan grave». En ese momento Dios la rescató y le volvió la esperanza.

> *«¿Por qué estoy desanimado? ¿Por qué está tan triste mi corazón? ¡Pondré mi esperanza en Dios! Nuevamente lo alabaré, ¡mi Salvador y mi Dios!» (Salmo 42:5).*

En demasiadas ocasiones somos demasiado exagerados. «No me hablaste, no me miraste, me gritaste, etc.» Pareciera que todos los días estuviéramos en el día 28, ¡Qué pereza!

Mi esposo odia que nos demoremos en salir de la iglesia. Cuando llegamos al carro y él nos está esperando nos dice: «¡No me hagan esto! ¡Esto es terrible! (Léase con voz de tragedia). Un día él se demoró en salir y nosotros ya estábamos en el carro. Mis hijos y yo empezamos a actuar, «¡no nos hagas esto! ¡Esto es terrible!» (Léase con voz de tragedia). Ahí él se dio cuenta que esperar un poco no era tan grave como parecía y nos reímos de la situación.

Nos tomamos la vida tan enserio que no la disfrutamos, o siempre tenemos una historia triste para contar; nos convertimos en portadores de malas noticias.

Me he dado cuenta que vivimos con una lupa en la mano y cualquier punto lo volvemos una montaña. Podemos tener momentos difíciles, pero si los exageramos, el resultado va a ser catastrófico.

En cierta ocasión, habíamos tenido reunión de jóvenes y todo el equipo estaba cansado. El técnico estaba en licencia de maternidad, las pantallas fallaban, al sonido se le metía ruido, una de las cantantes estaba embarazada y vomitaba todo el tiempo, la voz de Juan, nuestro líder de alabanza, que siempre es excelente, esa noche sonaba horrible (si eso pasa es porque realmente estamos en problemas), ¡Oh no! ¿Qué íbamos a hacer? ¿Exagerar? ¿Dramatizar? No. Oramos y nos relajamos, porque de otra manera hubiera explotado la bomba.

Vamos a andar con los pelos de punta si exageramos todo. Por ejemplo:

- El jefe te llama la atención. «Me van a echar del trabajo, nos sirvo para nada, ya se cumplió mi ciclo».

- Tu hijo llega con el pelo negro y parado. «¡Se volvió satanista!».

- Tu hijo perdió una materia. «Es un vago que no sirve para nada».

- Te duele una muela. «¡Tengo cáncer!».

No seas extremista. Bájale al voltaje, no andes por la vida con cámara en mano armándote videos e inventándote finales trágicos.

En contra de la cultura de los gritos

Nací y crecí en el campo, donde se grita por naturaleza, por lo tanto gritábamos por todo. «¡Vengan a almorzar!», «¿Dónde están?» (Léase con acento campesino). Nos gustaba jugar al otro lado de la montaña y nos comunicábamos a gritos. Mi esposo es australiano y cuando conocí a su familia no les escuchaba nada de lo que hablaban; ellos no gritan, ellos susurran. Un día estaba en un supermercado en Australia y llamé a uno de mis hijos gritando, todos me miraron como si fuera una cavernícola y así me sentí. Allá ni siquiera los perros ladran como locos; hasta los perros son diferentes (jajaja).

Nosotros podemos cambiar el ambiente de nuestra casa y de nuestro trabajo si dejamos de gritar. He intentado «australianizar» mi oficina, cuando estamos en una reunión y empiezan a gritar, yo susurro e inmediatamente se bajan los ánimos y se calman.

Haz un ayuno de gritos, los gritos alteran la paz de un lugar.

> *«Quítese de vosotros toda amargura, enojo, ira, gritería y maledicencia y toda malicia». Efesios 4:31 (RVR).*

Una nueva perspectiva

Haz una pausa y pregúntate:

¿Esto es lo peor que he vivido en mi vida o he vivido cosas peores? Compara lo peor que has vivido en la vida con la situación que estás viviendo, solo así podrás saber si realmente es grave.

¿Qué es lo peor que puede pasar?

¿Estoy dramatizando o es un problema real?

¿Me voy a morir por esto? Si tu respuesta es no, entonces tranquila.

¿Estoy cansada? Cuando estás muy cansada tiendes a ver los problemas como gigantes, así que descansa.

¿Lo puedo posponer o tiene que ser hoy? Si no es tan urgente, relájate.

Diciendo y haciendo

«También un pequeño timón hace que un enorme barco gire adonde desee el capitán, por fuertes que sean los vientos. De la misma manera, la lengua es algo pequeño que pronuncia grandes discursos. Así también una sola chispa puede incendiar todo un bosque».
(Santiago 3:4-5).

¡Buenas noticias! El Espíritu Santo nos ayuda a domar la lengua.

Esto es lo que tienes que hacer:

- Ser sensible a la guía del Espíritu Santo.

- Orar en lenguas todas las mañanas mientras te alistas.

- Hacer una pausa antes de hablar y preguntarle al Espíritu Santo qué debes decir.

- Callar más, hablar menos.

- Bendecir a tu familia todos los días.

- No gritar.

- No dramatizar y no exagerar.

- Inhalar, exhalar y hablar suave.

- Hablar palabras de vida. ¡Vale la pena vivir!

Disciplina, el susurro del éxito

En la clásica película Karate Kid, el señor Miyagi estaba enseñándole a Daniel Larusso a luchar. Daniel estaba frustrado porque el «supuesto» entrenamiento no se parecía en nada a una pelea de verdad; lavar el piso, lavar el carro y pintar una cerca. Lo que él no sabía es que su entrenador estaba enseñándole, no solo las bases del Karate, sino las bases del carácter. En pocas palabras, primero nos ponemos las medias, después los zapatos.

En este capítulo quisiera ayudarte a descubrir que hay detrás del éxito.

La disciplina es un conjunto de reglas o normas cuyo cumplimiento de manera constante conduce a cierto resultado e indica un proceso de aprendizaje. Gracias a la disciplina, profesionales como los músicos o los deportistas cumplen sus metas y objetivos. Por ejemplo, Mariana Pajón, la famosa bicicrosista colombiana y medallista de oro olímpico, ha logrado ganar muchas medallas y reconocimiento gracias a su duro entrenamiento, tenacidad y… disciplina; algunas veces a pesar de obstáculos como huesos rotos.

Es importante que establezcamos principios y valores en casa, además de límites claros. Nuestros hijos deben entender que la disciplina les hará más fuertes y evitará consecuencias graves a futuro. Sin embargo, debemos aprender la diferencia entre la disciplina y el castigo, o peor, el abuso; este último no debe estar en nuestros hogares.

La disciplina involucra mínimo a dos personas. Una con la autoridad para disciplinar, es decir, nosotros los padres, y otra que debe tener una actitud de discípulo y la disposición para aprender. De hecho, el término discípulo proviene de la palabra disciplina.

Dios estableció a los padres como autoridad sobre sus hijos, y aunque tenemos un «derecho» legítimo, creo que debemos esforzarnos por ganarnos el corazón de ellos siendo autoridades ejemplares. Esto los va a llevar a tener una buena actitud y aceptarán nuestra disciplina.

Honrar se define como: «*demostración de aprecio que se hace de alguien por su virtud y mérito[1]*». Como ya sabemos, por el simple hecho de ser padres, Dios nos ha dado un lugar de honra, pero recibimos doble premio cuando nuestros hijos nos reconocen como dignos de ella. Una manera en la cual ellos nos demuestran que nos honran es a través de su obediencia y buen trato.

Pero si no sentimos que nuestros hijos nos honran, oremos y pidámosle a Dios que nuestros corazones se unan. La Biblia dice en Malaquías 4:6 (RVR1995) «Él hará volver el corazón de los padres hacia los hijos, y el corazón de los hijos hacia los padres...».

Estamos equivocados si pensamos que tratando mal a nuestros hijos o exasperándolos lograremos que nos respeten, «*Padres, no hagan enojar a sus hijos con la forma en que los tratan. Más bien, críenlos con la disciplina e instrucción que proviene del Señor*». (Efesios 6:4).

¿Nos toca hacer todo el trabajo a nosotros? No. «*Hijos, obedezcan siempre a sus padres, porque esto agrada al Señor*». (Colosenses 3:20).

---

1. Real Academia Española. (2014). Diccionario de la lengua española (23. ª edición). Madrid: España. Consultado el 11 de diciembre de 2017.

Dios nos disciplina y nos entrena por amor, sin entrenamiento no podemos tener la tierra prometida. Sin entrenamiento Mariana Pajón no sería medallista de oro, ni Daniel Larusso el gran campeón de karate.

Mi insatisfacción, santa

Ver jóvenes haciendo nada y desaprovechando los mejores años de su vida me llena de insatisfacción. La adolescencia es la mejor etapa de sus vidas para descubrir quienes son, es ahí donde pueden desarrollar dones y habilidades, entonces verlos sentados sin hacer nada entristece mi corazón. Es como ver su futuro botado en el caño.

Mi esposo y yo decidimos que nuestro hijo no debía tener una consola de juego, pero una vez lo pesqué jugando en el celular a la madrugada y me dio tanta rabia que me fui a llorar, quizás no por el juego sino por el engaño Después de perdonarlo, Dios me permitió tener una conversación inteligente con él. Le dije: «si tú sigues por el camino de los juegos, lo único que vas a tener para ofrecerle a tu esposa y a tus hijos es vivir debajo de un puente, y los vas a llevar de vacaciones debajo de otro puente». (Jajaja). Quizás exageré un poco, pero como familia nos unimos para ayudarlo a poder controlar que los juegos electrónicos no debían controlarlo a él. Entró en ayuno de celular, IPad, IPod, etc., y todo iba bien hasta que un día puedo sentir que el Espíritu Santo me dice: «Ve lo que Danny está haciendo» y yo supe a lo que se refería. –»No, ve tú. Solo tú puedes convencer de pecado» –le dije–. Pero volví a sentir: «No, ve tú». En ese momento oí una risita. ¡Oh no! Efectivamente estaba pasando lo que me imaginé. Él escondió el dispositivo en el que estaba jugando y yo me puse furiosa.

Ese día entendí a las madres solteras. ¿Por qué lo digo? Era un sábado a la madrugada y mi esposo predicaba al otro día, así que resolvimos arreglar el asunto al día siguiente. Fui a la iglesia y Dios me habló, muchas cosas tuvieron que cambiar en Danny, pero también en nosotros como papás.

Lecciones de la vida de Mardoqueo

Igual que en Karate Kid, en la Biblia hay una historia de una alumna y un entrenador. Yo siempre pensé que Ester era la única protagonista de esta historia, pero ella no hubiera llegado a reinar si no hubiera sido por el entrenamiento de Mardoqueo.

Esta historia comienza en Persia, con Asuero y Vasti, los reyes del imperio. El rey hizo una fiesta con todas las de la ley y en medio de su borrachera quiso exhibir a su reina, pero ella se rebeló y desobedeció. Asuero, ni corto ni perezoso, salió a buscar una mujer más bonita, más joven y más obediente. Entonces convocó a las jóvenes más hermosas del reino para elegir a la que sería su nueva esposa.

El concurso de belleza estaba a cargo de un eunuco llamado Hegai, quien las sometió a tratamientos con perfumes, dietas, cremas, masajes y ejercicio durante un año. Hegai quedó impresionado cuando vio a Ester, no solo por su belleza y elegancia, sino también por su obediencia. Me imagino que el rey le preguntó al eunuco en algún momento cuál había sido la joven más noble y obediente, a lo que debió responder que Ester.

Cuando llegó el momento de la gala de coronación de *Miss Persia*, Ester se dejó aconsejar por Hegai y no pidió nada aparte de lo que él le sugirió. El rey la vio y se enamoró de ella, nombrándola reina en lugar de Vasti. (Ester 1-2).

Al estudiar el libro de Ester, me di cuenta que ella no hubiera llegado a ser esa gran mujer sin el entrenamiento de Mardoqueo, su primo. Él adoptó a Ester como su hija, la integró a su familia y la crio. (Ester 2:7). La Biblia describe el cuidado de Mardoqueo sobre su prima, «*todos los días, Mardoqueo daba un paseo cerca del patio del harén para averiguar cómo estaba Ester y qué le sucedía*». (Ester 2:11).

Mardoqueo ejercía autoridad sobre la vida de Ester. Debido al decreto que el rey Asuero había emitido en contra de los judíos por influencia de Amán, el funcionario más poderoso del imperio (Ester 3:8-13), Mardoqueo le ordenó a Ester no revelar su origen judío. Ella obedeció; mantuvo en secreto su trasfondo familiar.

Mardoqueo era un hombre íntegro. Nunca se inclinó ante Amán a pesar de que todos a su alrededor lo hacían. Esto enfureció a Amán, y cuando descubrió la nacionalidad de Mardoqueo, se convirtió en el Hitler de la época. Buscó la forma de destruir a todos los judíos a lo largo y ancho del imperio. (Ester 3:5-6).

Mardoqueo era un hombre de fe. Siguió creyendo a pesar del peligro que corría su pueblo y su propia vida. Le dijo a Ester: *«Si te quedas callada en un momento como este, el alivio y la liberación para los judíos surgirán de algún otro lado, pero tú y tus parientes morirán. ¿Quién sabe si no llegaste a ser reina precisamente para un momento como este?»*. Ester 4:14 (NTV). Ester no fue solamente la ganadora de un concurso de belleza, se convirtió en una valiente mujer de Dios, que peleó las batallas a favor del pueblo judío junto a Mardoqueo. El Señor cambió el mal por el bien para los judíos.

Mardoqueo era un hombre ejemplar. Fue un ejemplo de integridad para Ester y no tenía «rabo de paja». Su vida se regía por los valores establecidos en la Palabra de Dios, amor, autoridad, integridad y una vida rendida al Señor. La clave en la vida de Ester fue el fundamento que puso Mardoqueo en su vida.

La mejor forma de ejercer autoridad es siendo ejemplo. Las palabras convencen, pero el ejemplo arrastra. Jesús habló, pero también dio ejemplo; nosotros tenemos que ser como él.

¿Cuáles son los valores que rigen tu vida? ¿Estás poniendo las bases correctas para que tu vida y la vida de tus hijos lleguen a ser un gran edificio?

Mamás obedientes, hijos obedientes

En la historia de Ester vemos cómo ella se vació de sus planes, de su posición y de su propia vida para salvar a su pueblo, esto significa obediencia. El mayor ejemplo de obediencia fue Jesús; él se despojó de sí mismo, de su divinidad y de sus derechos como Hijo de Dios por venir a la tierra a cumplir la voluntad de su Padre.

Dios tiene un plan con la vida de nuestros hijos, y muchas veces las situaciones difíciles que vives con ellos te hacen pensar que ese plan nunca se va a cumplir. En realidad, Dios también está interesado en que tus hijos cambien, él puede usar esas situaciones difíciles para cumplir su gran plan en tu familia; nosotras solo tenemos que aguantar y obedecer. Él nos va a dar la victoria en eso que queremos que ellos cambien, pero la base del cambio está en la obediencia.

¿Recuerdan la historia de mi hijo? Yo estaba muy molesta porque Danny me había mentido, me había engañado, me había visto la cara de boba… Pero además porque estaba pecando al desobedecer. Y entonces Dios me habló a través de su palabra: *«No pequen al dejar que el enojo los controle, reflexionen durante la noche y quédense en silencio».* (Salmo 4:4). Yo también estaba pecando con mi ira, así que oré, pedí perdón y perdoné, y Dios me dio una estrategia para manejar la situación.

Me humillé, me bajé al nivel de mi hijo y traté de comprender la etapa que estaba atravesando; la presión, las hormonas y su mundo que no era igual al mío. Me puse en sus zapatos, le hablé con amor y controlé mis emociones; Dios me dijo que le hablara sobre el vicio con el que yo batallé cuando era una adolescente y cómo salí de ahí. Inmediatamente se rompieron las barreras, él abrió su corazón y confesó su pecado. ¡Esto era lo más importante! Que reconociera su falta, porque una persona que no lo hace, no se arrepiente y vuelve a pecar. Fui ejemplo de victoria para mi hijo, Danny sintió que yo lo podía entender y que lo podía ayudar a salir del hueco en el que estaba.

Para ser obedientes se necesita humildad; yo fui la primera que tuve que obedecer a Dios. Cuando me puse al nivel de mi hijo, él cedió y me dijo la verdad, hablamos, negociamos y hoy en día bailamos juntos en el PlayStation (jajaja).

Si nosotros obedecemos, nuestros hijos aprenderán el camino de la obediencia.

Nosotros también nos equivocamos, así que también tenemos que pedir perdón por nuestras faltas. El hecho de pedir perdón nunca nos va a restar o quitar autoridad, por el contrario, es un acto que nos engrandece a los ojos de nuestros hijos. Al hacerlo, estamos mostrando que somos capaces de reconocer y enmendar nuestro error, también les estamos dando un ejemplo digno de imitar.

Mamá, en algunas ocasiones cometeremos algún error. Seamos humildes, pidamos perdón a Dios y a quién hayamos lastimado y retomemos el rumbo.

Yo sé que se necesitan toneladas de sabiduría para ser las mamás high energy que Dios espera que seamos, pero tranquilas, él está dispuesto a darnos toda la energía sobrenatural que necesitemos.

«Hijo mío, presta atención a lo que digo y atesora mis mandatos. Afina tus oídos a la sabiduría y concéntrate en el entendimiento. Clama por inteligencia y pide entendimiento. Búscalos como si fueran plata, como si fueran tesoros escondidos. Entonces comprenderás lo que significa temer

al Señor y obtendrás conocimiento de Dios. ¡Pues el Señor concede sabiduría! De su boca proviene el saber y el entendimiento». (Proverbios 2:1-6).

Contrato familiar

Para mantener una buena relación, padres e hijos deben llegar a acuerdos. Cuando nuestros hijos eran pequeños, nosotros tomábamos todas las decisiones sobre sus vidas, ahora que van saliendo de la adolescencia, la disciplina se convierte en un acuerdo. Yo lo llamo un contrato familiar.

* * * * * * * * * * * * *

Padres e hijos deben llegar a acuerdos

* * * * * * * * * * * *

Si ellos incumplen las condiciones del contrato, tendrán sanciones, y si las cumplen, tendrán premios. A medida que van creciendo, van madurando, y madurar implica aprender a tomar decisiones y respetar límites por ellos mismos; así que tendrán la capacidad de cumplir con su parte del acuerdo.

En este contrato ambas partes se comprometen a generar cambios para tener un hogar más feliz y en paz. Juntos, padres e hijos, vamos a establecer las cosas a las que nos comprometemos. Debe ser un listado sencillo de compromisos, que con el paso del tiempo se puede ir modificando y ampliando.

Te voy a dar algunos ejemplos de compromisos que puedes adquirir:

- Dios es el centro de esta casa. Padres e hijos nos comprometemos a buscar a Dios a diario.

- En esta casa no se habla a gritos, nos tratamos con respeto y amor. Ni los padres ni los hijos alzan la voz.

- En esta casa siempre se dice la verdad, nadie dice mentiras. La consecuencia para los hijos que dicen mentiras será (una restricción válida y dolorosa que implique un costo) y durará (establecer un tiempo). Los papás siempre les diremos la verdad a nuestros hijos y responderemos a sus preguntas con la verdad.

- En esta casa honramos y obedecemos. Los hijos honraremos a nuestros padres obedeciendo sus instrucciones. Los padres no seremos una gotera continua y no hablaremos con un tono que enfurezca a los hijos.

- En esta casa hay una hora de llegada (establecer una hora). Si los padres no podemos llegar por algún motivo a la hora establecida, llamaremos a los hijos para explicarles la razón.

- En esta casa no hay secretos. El computador está a la vista de todos. Los padres no entramos a internet después de cierta hora (establecer una hora). Los padres conocemos las claves de nuestros hijos.

Tips para establecer el acuerdo:

1. Todos debemos estar de acuerdo con los compromisos.

2. Los compromisos deben ser alcanzables. El acuerdo no debe tener imposibles.

3. No debe ser infinito o demasiado complejo.

4. Debe incluir puntos claros, como los Diez Mandamientos. Describan qué cambios debe haber tanto en hijos como en padres.

5. Debe quedar por escrito y ser firmado por las partes.

Cuando las reglas son claras, ¡todos ganamos! El ambiente se vuelve positivo y honramos a Dios porque se cierran los espacios para la rebelión y la división.

La división comienza cuando cada miembro de la familia hace lo que le parece y no hay acuerdos, no hay una visión y no hay un fundamento.

«Y si una casa está dividida contra sí misma, tal casa no puede permanecer». Marcos 3:25 (RVR 1995).

Debemos ser conscientes que todo lo que demandamos de nuestros hijos primero debe ser una realidad en nuestra vida. *«Amados hermanos, ¿de qué le sirve a uno decir que tiene fe si no lo demuestra con sus acciones? ¿Puede esa clase de fe salvar a alguien?».* (Santiago 2:14). Es imposible que ellos fundamenten su vida en el temor de Dios y sigan su disciplina si nos oyen hablando mal de Dios, de sus promesas, de la Iglesia, del pastor o de otras personas.

Si nos rebelamos contra nuestras autoridades, nuestros hijos van a ser rebeldes contra sus autoridades; eso incluye a Dios y a nosotros como papás. (¡*Oops!*)

Si el acuerdo no se cumple, las consecuencias por el incumplimiento deben doler, es decir, deben representar un verdadero costo para los hijos. Pero también debemos premiar el esfuerzo y los cambios que veamos en nuestros hijos (¡Bravo!).

Ellos también deben tener claro que hay cosas que no son negociables. Dios y su reino NO son negociables; por ejemplo, aunque no quieran, tienen que ir a la Iglesia. Punto.

También deben tener claro que el pecado se castiga, pero no con castigos improvisados ni solo retributivos al estilo de ojo por ojo porque eso fue cambiado por Jesús. El castigo mal entendido devuelve un mal por otro mal y por eso la disciplina es el susurro del éxito, ya que mira al futuro y corrige para mejorar la situación y la relación y no para descargar un enojo en el otro. Dios dejó un acuerdo en la Biblia y dejó igualmente claras las consecuencias de romperlo.

Si decidimos hacer este acuerdo debemos respetarlo y darle la importancia que merece. Tu palabra vale, ¡y tu firma más!

Gracia

No se trata de imponer normas o leyes, la imposición sin amor genera rechazo. Debemos abrirnos al diálogo y siempre estar dispuestos a dar segundas oportunidades; si nuestros hijos se caen, démosles el chance de levantarse otra vez. No seamos implacables con ellos y no formaremos discípulos desalmados en ellos de tal manera que alguna vez lo serán con nosotros y con otros.

* * * * * * * * * * * *

La imposición sin amor genera rechazo

* * * * * * * * * * * *

Claro que tampoco debe haber permisividad, esta destruye la confianza. Si somos permisivos, ellos entrarán en terreno de duda y pondrán en tela de juicio el acuerdo, entonces perderá su valor.

Tampoco es cuestión de incluir en el acuerdo algo que nosotros como padres queremos por egoísmo o por un beneficio personal. Todos debemos beneficiarnos.

En conclusión, este acuerdo debe estar enmarcado en el amor. El contrato familiar tiene sentido porque nos amamos los unos a los otros y queremos lo mejor para nuestra familia; lo que pase con uno de los miembros del hogar afecta a todos los demás.

He ganado muchas victorias con mis hijos haciendo esto, hemos cambiado y crecido juntos. Lo mejor es que Dios mismo va a recompensar a nuestros hijos si cumplen con su parte del acuerdo. «*Si honras a tu padre y a tu madre, <<te irá bien y tendrás una larga vida en la tierra>>*». (Efesios 6:3).

Diciendo y haciendo

Esquema de contrato familiar:

PROBLEMA	SOLUCIÓN

En cada cuadro haz un dibujo sencillo del problema que quieres atacar y las posibles soluciones a ese problema.

¿Qué cambios queremos ver en nuestros hijos?

•

•

•

•

¿Qué cambios queremos ver en nuestros padres?

•

•

•

•

Lista de compromisos

1.

2.

3.

4.

Consecuencias por incumplimientos

-
-
-
-

Premios por cumplimientos

-
-
-
-

Firma papá _____

Firma mamá _____

Firma hijo(s) _____

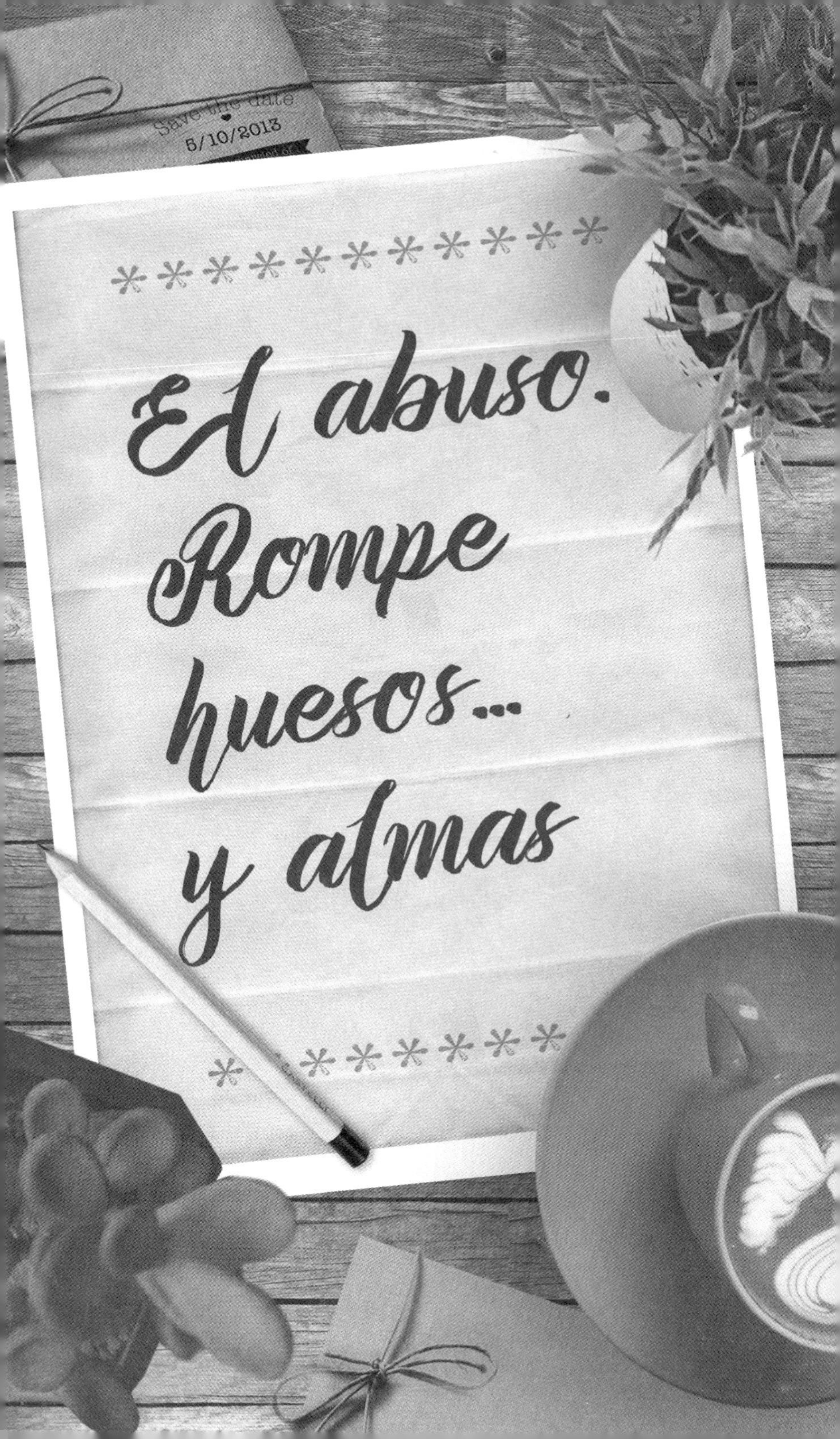
Save the date
5/10/2013
El abuso.
Rompe
huesos...
y almas

En la costa colombiana tienen este dicho: «Ni calvo ni con dos pelucas», y quiere decir que ni un extremo ni el otro. En cuanto a la disciplina, los padres podemos irnos a uno de dos extremos, ser exagerados y llegar incluso al abuso, o ser negligentes y no hacer nada porque los hijos «se traumatizan si los castigamos». Mi propósito con este capítulo es que seamos conscientes y aprendamos que si bien no podemos ser permisivos dejándonos llevar por lo que dice la psicología popular de los medios, tampoco podemos castigar con garrote como en los tiempos antiguos; los dos extremos son malos y en nuestro caso, al hablar de adolescentes, quizás lo sea más todavía.

Castigos absurdos

Abuso: *«hacer uso excesivo, injusto o indebido de algo o alguien[1]».*

Cuando era niña vi una escena que se quedó grabada en mi memoria, fue tan dolorosa que me marcó. Estábamos con mis hermanos en el parque cuando de repente un muchacho empezó a gritar de una manera horrible dando alaridos. Él tenía doce o trece años y lloraba porque su papá, borracho, le estaba dan-

---

1. Real Academia Española. (2014). Diccionario de la lengua española (23. ª edición). Madrid: España. Consultado el 17 de enero de 2018.

do una paliza. «No me pegue papá, yo no hice nada», le decía el muchacho al señor que estaba encarnizado golpeándolo.

Otra escena que nunca olvidaré fue la que vi en Nueva Zelanda. Viajamos con mi esposo para dirigir un evento que tiene como objetivo la sanidad emocional de las personas precisamente a través de un encuentro con Dios. Un hombre llamó mi atención, era un isleño.

Durante una de las ministraciones lo encontré en un rincón del salón y cuando me acerqué me di cuenta, no era un hombre sino una mujer. Puse mis manos sobre su espalda y empecé a llorar a gritos. Dios me mostró una película en la cual la mamá de esta mujer pasaba de hombre en hombre, siendo golpeada y maltratada, no solo ella sino sus hijos también; y luego de abusarla sexualmente al punto de dejarla tirada en el suelo.

La cultura de los isleños les prohíbe llorar, pero cuando la mujer me escuchó llorando, ella también empezó a hacerlo, y Dios sanó su dolor. Unos días después, cuando ella y su familia nos llevaron al aeropuerto, su rostro había cambiado tanto que se veía como una hermosa mujer.

Hemos oído de castigos absurdos de padres hacia sus hijos, por ejemplo: les queman las manos, les pegan mientras los bañan con agua helada, les dan mil azotes hasta que les duela la mano, los dejan sin comida o abandonados, los echan de la casa, los dejan encerrados en el carro por un largo tiempo, les ponen los zapatos o los pantalones rotos para que aprenda a no romperlos. No les hablan, los comparan con otros, les arrojan agua hirviendo, los dejan desnudos en la calle, les pegan con el cable de la plancha, les dan zapatazos… ¡No más!

En la iglesia también hemos visto padres que descargan su ira y frustración en sus hijos, dejando huesos y espíritus rotos. Esto se llama abuso.

Cuidemos el corazón de nuestros hijos

Dios nos dejó en la Biblia ejemplos de lo que NO debemos hacer en este aspecto.

David, un «simple muchacho», se ofreció para pelear en contra del gigante filisteo de casi tres metros de estatura que estaba amenazando al pueblo de Dios (1 Samuel 17:32). ¡Parecía un chiste! Nadie confiaba que él podría hacer algo contra el filisteo. Sin embargo, David, con una fe inquebrantable, insiste. Él sabía que el mismo Dios que le había dado la victoria frente a leones y osos, podría ayudarlo a derrotar a ese filisteo atrevido (1 Samuel 17:34-37). Armado únicamente con su vara de pastor y su honda, pero con el respaldo del Dios de los Ejércitos Celestiales, mató a Goliat (1 Samuel 17:48-51).

Después de eso, el rey Saúl empezó a ponerle tareas a David y todas las hacía bien, así que decidió nombrarlo comandante sobre los hombres de guerra. Todo el pueblo se alegró con el nombramiento de David, y cuando lo vieron llegar a la ciudad luego de matar al filisteo, empezaron a cantar: *«Saúl mató a sus miles, ¡y David a sus diez miles!»*. (1 Samuel 18:6-7). Ahí empezó la ira y la envidia de Saúl; le dio tanta envidia que quiso matarlo.

Un día Saúl le dijo a David que le iba a dar como esposa a su hija Merab, pero antes tenía que demostrar que era un guerrero valiente. La verdad es que pensó que si mandaba a David a pelear contra los filisteos, ellos lo matarían y él no tendría que hacerlo por su cuenta… ¡buajaja! (risa malvada). Saúl daba por muerto a su supuesto enemigo, así que le entregó su hija a otro hombre. ¡Oh, oh! Pero, los filisteos no habían matado a David.

Mientras tanto Mical, otra hija de Saúl, estaba perdidamente enamorada de David, así que Saúl se alegró y pensó que era una nueva oportunidad para matarlo. Le pidió a David cien prepucios de cien filisteos para entregarle a su hija Mical como esposa, ¿y qué crees? Cumplió con el requisito. Saúl tuvo que cumplir con su promesa y Mical finalmente se casó con David. El rey tuvo miedo porque supo que el Señor estaba con David y quedó como su enemigo por el resto de su vida. (1 Samuel 18:17-30).

Saúl fue un padre que abusó de sus hijas ya que las usó para vengarse de su enemigo. La verdad es que él nunca se interesó en el corazón de ninguna de ellas, sino que las trató como un objeto.

David pasó mucho tiempo escondiéndose de Saúl ya que lo buscaba día y noche para matarlo y en una de sus huidas, Saúl aprovechó y le entregó a Mical a otro hombre llamado Paltiel.

Cuando el rey Saúl murió, David fue ungido como rey de Judá. La dinastía de David prosperaba cada vez más por encima de la dinastía de Saúl, y esto causó una larga guerra entre los seguidores de cada uno de ellos. Un día, Abner, un fiel seguidor del reinado de Saúl, peleó con Is-Boset, hijo de Saúl, porque lo había acusado de acostarse con una de las concubinas de su padre. A Abner le dio tanta rabia que prometió cambiarse de bando y ahora apoyar a David; entonces le mandó a David el siguiente mensaje: «*¿Acaso no le pertenece a usted toda la tierra? Haga un pacto solemne conmigo y le ayudaré a que todo Israel se ponga de su parte*». (2 Samuel 3:13). David aceptó pero con una condición, que le devolvieran a su esposa Mical, ya que él había pagado cien prepucios por ella. Cuando se estaban llevando a Mical para entregársela a David, Paltiel la iba siguiendo, llorando todo el camino porque de verdad la amaba. (2 Samuel 3:6-16).

Lo más triste de esta historia es ver como Mical también se convirtió en un objeto porque su papá nunca protegió su corazón.

Pero Saúl no solo maltrató a sus dos hijas. La Biblia muestra su trato con Jonatán, su hijo, quien se había convertido en el mejor amigo David. Un día Saúl se dio cuenta que Jonatán intentaba proteger la vida de David, así que se puso furioso y le dijo: «¡Tú, estúpido hijo de prostituta! —lo maldijo—. ¿Acaso piensas que no sé que tú quieres que él sea el rey en lugar de ti, para vergüenza mía y de tu madre? Mientras ese hijo de Isaí esté vivo, jamás serás rey. ¡Ahora ve y búscalo para que lo mate!

—¿Pero por qué tiene que morir? – Le preguntó Jonatán a su padre–. ¿Qué ha hecho?

Entonces Saúl le arrojó su lanza a Jonatán con la intención de matarlo. Por fin Jonatán se dio cuenta de que su padre realmente había decidido matar a David». (1 Samuel 20:30-33).

Sin palabras, ¿verdad? ¡Quería matar a su propio hijo! La Biblia dice que de la abundancia del corazón habla la boca (Lucas 6:45), y según el insulto de Saúl hacia su hijo, podemos decir que el rey tenía un corazón malvado. Era un rey loco, y como papá, era un loco sin medida.

El punto débil del rey David

Otra forma de abuso es la negligencia o la permisividad. Nunca se les dice NO a los hijos y no hay límites establecidos. Bajo este tipo de abuso también se cometen muchos errores y la tarea de guiar a nuestros hijos se vuelve imposible.

Admiro a David, creo que fue un gran hombre de Dios, un gran guerrero y un gran rey, pero no lo admiro como papá, ¡fue pésimo! Cuando su hijo Amnón violó a su hermana Tamar, David se enojó, ¡pero no hizo nada! (2 Samuel 13:1-22). Absalón, otro hijo de David, se enteró de esa situación y vengó a su hermana matando a Amnón, pero el rey tampoco hizo absolutamente nada (1 Samuel 13:23-39).

Con su hijo Adonías fue la misma historia. Con respecto a Adonías la Biblia dice: «*Ahora bien, su padre, el rey David, jamás lo había disciplinado, ni siquiera le preguntaba: '¿Por qué haces esto o aquello?'...*». (1 Reyes 1:6).

* * * * * * * * * * * *

Los principios bíblicos y las normas en las familias cristianas no deben ser negociables

* * * * * * * * * * * *

Los hijos del rey David se convirtieron en monstruos, se rebelaron contra él y hasta quisieron quitarle el trono. Esto es lo que quiere el diablo con la negligencia, quiere quitarnos la autoridad, quiere que no disciplinemos a nuestros hijos y que nos hagamos los locos. Hacemos esto porque evita el conflicto inmediato y la carga de tener que decir que no, pero de esta manera ellos no tendrán límites, no desarrollarán carácter ni criterios y carecerán de amor.

Dios estableció límites en su Palabra, nos irá bien si los mantenemos, y mal si los rompemos. Los principios bíblicos y las normas en las familias cristianas no deben ser negociables.

"No" también es una respuesta

Debemos seguir el ejemplo de nuestro Padre Dios, él siempre cumple lo que dice. Como padres debemos cumplir con nuestra palabra y ejercer nuestra autoridad, pero si no cumplimos lo que prometemos, perderemos credibilidad.

Asimismo, si nosotros como padres nos sometemos a la Palabra de Dios, tendremos la autoridad para pedirles a nuestros hijos que también lo hagan.

Mira estas palabras de Jesús:

Cuando ustedes digan «sí», que sea realmente sí; y, cuando digan «no», que sea no. Cualquier cosa de más, proviene del maligno. Mateo 5:37 (NVI)

La Biblia es nuestra brújula y nuestro manual de instrucciones. Leyéndola con la guía del Espíritu Santo nos ayudará a discernir cuándo decir «sí» y cuándo decir «no» ante las preguntas de nuestros hijos o cuando nos pidan ciertos permisos. Hemos sido elegidos para enseñarle este manual a cada uno de nuestros hijos y así hacer sonreír a Dios.

Tenemos que aprender a decir que «no» cuando es necesario. Mira esta otra traducción del mismo texto: Baste con decir claramente «sí» o «no». Pues lo que se aparta de esto, es malo. Mateo 5:37 (DHH)

En estos últimos tiempos escuchamos que a los hijos no se les puede decir que no a nada porque se traumatizan, pero yo veo que Dios me dice «No» muchas veces en su Palabra y que siempre es por mi bien. No es correcto que digamos «Sí» a todo y que pretendamos darles el gusto siempre. Necesitamos ser guiados por el Espíritu Santo. Muchas veces no he sentido paz de que mis hijos vayan a ciertos lugares o de darles permiso para ir a ciertas invitaciones, entonces les digo la verdad: «No tengo paz». Ellos entienden y generalmente dejan de insistir, pero un día insistieron tanto, que aunque yo no tenía paz, los dejé ir. Me quedé orando un poco angustiada cuando de repente llegaron a la casa gritando, los habían robado. ¡Gracias a Dios no pasó nada más!

Escuchemos al Espíritu Santo y hagamos caso.

Adolescentes hoy, hombres y mujeres mañana

La hombría de nuestros hijos se puede afectar cuando les faltamos al respeto. Un día ese adolescente será un hombre que deberá ejercer autoridad en su casa, y si lo gritamos o le damos una paliza, podemos convertirlo en una persona violenta que siempre reaccionará con irá y de la peor manera. Lo más seguro es que llegué a cobrarle a su esposa los errores que su mamá cometió con él e inconscientemente se vengue con ella y le haga pagar a sus hijos los maltratos que recibió.

En el caso de la mujer, obviamente necesita que sus padres cuiden su delicadeza femenina. Los gritos y los golpes son heridas muy difíciles de sanar en el corazón de una adolescente, y finalmente no aportan en su proceso de formación.

Filipenses 2:5-9 dice que Jesús, siendo hijo de Dios, tomó forma de hombre y se preocupó por saber lo que nosotros como humanos enfrentamos y sentimos. De esta manera puede interceder por nosotros ante Dios el Padre entendiendo nuestra humanidad. Si seguimos su ejemplo y nos bajamos al nivel de nuestros hijos adolescentes para entender qué piensan y sienten, podremos evitar repetir historias negativas con ellos.

El odio y el maltrato que pudiste haber vivido en tu niñez no se cura con más odio y más maltrato, se cura con amor y con el perdón de Jesús, solo así cambiaremos la historia de nuestras generaciones.

Un momento en el Cielo

¿Recuerdas cómo te castigaban tus padres? ¿Tienes el recuerdo de un castigo injusto? ¿Te gustaría disciplinar a tus hijos como te disciplinaron a ti y a tus hermanos?

Tal vez tú viviste algún tipo de castigo absurdo o injusto. ¿Qué tal invitar a Jesús a ese momento y orar?

Señor, tú sabes cómo me sentí en ese momento (indigna, con odio, con el corazón roto) yo te pido que entres a este cuadro de dolor y me acompañes. Te pido que detengas la mano de mi agresor y le expliques la verdad de lo que pasó. Toma mis sentimientos (dolor, rabia, tristeza, ira), levántame y rodéame con tus brazos de amor. Tú tomaste mi lugar en la cruz y fuiste herido injustamente, tú me puedes entender, te pido que me sanes para que pueda ser justa a la hora de disciplinar a mis hijos.

Dios, tú sabes que no sé cómo corregirlos porque nunca lo hicieron conmigo, te pido que me des sabiduría, yo quiero que mis hijos sean como tú, Jesús. Hoy rompo todo pacto que he hecho de no ser como mis padres (por exceso o por defecto), necesito tu sabiduría a la hora de instruir, corregir, guiar y castigar a mis hijos. Te pido que me des la medida exacta, dame discernimiento, ¡ayúdame!

Solo tú conoces las veces que me castigaron injustamente y el dolor que esto dejó en mi corazón, también conoces el abuso que vi en mi hogar, yo te pido que tomes mi corazón roto y lo sanes, tú lo prometes en tu Palabra. Te pido que pueda perdonar a mis padres y que no repita con mis hijos la historia de terror que yo viví. Ayúdame a cambiar su historia, en el nombre de Jesús, amén.

La varita mágica es bíblica

¿Has escuchado este dicho?: «La cucarrona le dice a los cuca-rroncitos: 'mis granitos de oro'». Quiere decir que muchas veces los padres vemos a nuestros hijos a través de unas gafas que distorsionan la realidad. En el caso de la cucarrona, ella no veía a sus hijitos como cucarrones sino como granos de oro.

Existen diferentes tipos de gafas a través de las cuales pode-mos ver a nuestros hijos:

Gafas oscuras: las gafas de la exageración. «Mi hijo(a) es terrible, nada en él/ella es bueno, todo lo que hace está mal.»

Gafas perfectas: «Mi hijo(a) es perfecto(a), él/ella no comete errores. Todos los demás son malos, él/ella es tan lindo(a), es incapaz de hacer algo malo».

Gafas torcidas: las gafas de la justificación. «Pobrecito(a), le toca muy duro. Todos son muy malos con él/ella. La culpa de su pecado la tiene otra persona, él/ella no.

Gafas de condenación: «Mi hijo(a) no cambia, nunca va a cam-biar. Es terco(a), por más que le diga, no hace lo que yo quiero».

Todos queremos que nuestros hijos sean los de mostrar, que podamos sacar pecho y sentirnos orgullosos, sin embargo, de-bemos cuidar que la motivación para esperar lo mejor de ellos no seamos nosotros y nuestras necesidades emocionales sino el éxito emocional y espiritual de ellos mismos. Esto sucede como resultado de darles una buena educación, del estilo de vida que llevemos como familia y del tiempo que invirtamos en ellos. Si no hemos invertido lo mejor de nuestro tiempo en nuestros hijos, Dios nos pedirá cuentas por no guiarlos ni cuidarlos como es debido.

* * * * * * * * * * * *

Debemos cuidar que la motivación para esperar lo mejor de ellos no seamos nosotras mismas

* * * * * * * * * * * *

Una relación de padres e hijos a distancia, fría o sin diálogo no funciona, debe haber convivencia. Ser padres implica tener el tiempo disponible y la confianza para poder permanentemente tener conversaciones significativas acerca de los temas más relevantes respecto a la formación de carácter de nuestros hijos: hábitos, manejo del tiempo, amistades, relaciones, responsabilidades, valores, fe, visión, proyecto de vida, honestidad, respeto, entre otras.

Conocerlos es amarlos

Nuestros hijos son como los libros, no podemos juzgarlos solo por la portada. Tenemos que conocerlos más allá de las apariencias y de nuestros recuerdos de cuando eran niños para poder ejercer una buena disciplina en su etapa de hoy. Las mamás podemos crear espacios de intimidad con ellos, tener un tiempo divertido juntos, hablar, y así aprenderemos de ellos y ellos de nosotros. En un espacio de compañerismo es más provechoso enseñarles o guiarlos, porque es un ambiente neutro en donde se abrirán más fácilmente y podremos conocer su corazón; no será para nada fácil si lo intentamos en un momento de tensión o enojo.

También es clave que conozcamos qué es lo que más les gusta y qué es lo que más les duele en su corazón, y asimismo exponerles qué nos gusta y qué no nos gusta a nosotros como padres. Ellos deben conocer lo que está permitido y lo que no está permitido en nuestra relación y en nuestro hogar.

Así la relación con nuestros hijos sea cercana, siempre debemos mantener frente a ellos un lugar de respeto y autoridad; esto no se puede perder, y menos a la hora de disciplinar.

Si queremos conocer a nuestros hijos, lo primero es aprender a escucharlos. Existen muchos métodos para corregir y disciplinar a nuestros hijos, pero por experiencia propia puedo decir que el más eficaz es el de conocerlos a profundidad.

Cuando Daniel era pequeño, lo encontré rompiendo una saliente de agua. Me enojé mucho, sentí que me estaba destruyendo la casa, (no era así, pero así lo sentí, jajaja). Dios me dijo que me calmara y que le preguntara porqué lo había hecho. La respuesta de Danny fue: «Es que se veía feo», y me dio varias razones más.

Otro día, me levanté y vi que mi casa brillaba. Christy había regado *glitter* o escarcha por toda la casa. ¡Oh no! Nuevamente me calmé y le pregunté: «¿Por qué lo hiciste?». Ella me dijo: «Es que yo quería que mi casa brillara».

El punto es que tenemos que conocer el corazón de ellos y la intensión con la que hacen las cosas, esto solo se logra hablando y preguntando.

Todas las noches tenemos charlas informales con nuestros hijos. Una vez nos estábamos lavando la cara y mi hija me estaba contando sobre un muchacho que le gustaba (a mí no me gustaba). Atrapé mi lengua entre los dientes para no decir nada; no hablé, solo escuché. Ella no se sintió juzgada ni atacada, así que abrió su corazón. Con el tiempo la direccioné, le expliqué las cosas que no me gustaban del muchacho y todo resultó bien.

Nuestros hijos primero necesitan ser escuchados, entonces escucharán nuestro consejo y nuestra guía. Acuérdate, antes de hablar y antes de corregir, ¡escucha!

Nuestro trabajo será más fácil si primero nos hemos ganado su confianza y su admiración. Cuando eran niños, nos buscaban, nos necesitaban y nos veían como héroes. En esta etapa no seremos héroes, debemos ser compañeros, porristas, amigos. ¡Pero buenos amigos! Ser amigos de nuestros hijos no significa ser permisivos.

En la adolescencia debemos luchar a toda costa para que la comunicación no se rompa. Yo sé que no es fácil, en mi trabajo con adolescentes he hecho oraciones desesperadas: «Espíritu Santo, ¿qué hago? ¡Auxilio!». Pero Dios puede hacer un milagro, él nos puede ayudar.

> *«Si necesitan sabiduría, pídansela a nuestro generoso Dios, y él se la dará; no los reprenderá por pedirla». (Santiago 1:5).*

Siempre hay una esperanza

Todos los papás de adolescentes nos hemos hecho la siguiente pregunta: «¿Cómo debo corregir a mi hijo(a)?». Cuando eran recién nacidos nos parecía cruel y loco pensar en castigarlos, pero después nos empezamos a dar cuenta que si queríamos que aprendieran a dormir toda la noche y dejaran dormir (jajaja) teníamos que educarlos.

No fue un proceso fácil, ¿verdad? En la adolescencia pasa lo mismo, quisiéramos que la disciplina fuera lo más eficaz y lo menos dolorosa posible para ellos y para nosotros, pero no siempre es así.

* * * * * * * * * * * *

Los hijos de Dios siempre tenemos esperanza

* * * * * * * * * * * *

La corrección en un adolescente va ligada a la dirección y disciplina que le dimos en la niñez y que sin rendirlos debemos seguir regalándoles a pesar de que sus cuerpos han crecido. Aún si nos equivocamos como padres en el pasado, tenemos esperanza para el futuro. Somos hijos de Dios, y los hijos de Dios siempre tenemos esperanza. Tal vez puedes pensar que tus hijos ya son mayores y que es demasiado tarde, pero Dios nos dice: *«Ya sea que te desvíes a la derecha o a la izquierda, tus oídos percibirán a tus espaldas una voz que te dirá: 'Este es el camino; síguelo'».* Isaías 30:21 (NVI).

Lo que dice la Biblia acerca de la corrección

La Biblia habla de un instrumento llamado la vara. Yo la llamo «la varita mágica». Esta varita tiene el poder de cambiar el destino de una persona, puede evitar que nuestros hijos se vayan al infierno, puede transformar su carácter, y hasta puede tornar un día de queja y murmuración en un día feliz.

«Porque el Señor disciplina a los que ama, y azota a todo el que recibe como hijo». Hebreos 12:6 (NVI).

«No dejes de disciplinar al joven, que de unos azotes no se morirá». Proverbios 23:13 (NVI).

«Tú los herirás con vara, y librarás su alma del infierno» Proverbios 23:14 (RVA).

¿Sí ves? Es bíblico y aunque hoy pueda sorprender a algunos es un principio maravilloso y sano porque toda acción tiene una consecuencia y si nuestros hijos no aprenden eso en la adolescencia, les dolerá mucho más aprenderlo en su adultez.

«Supongamos que un hombre tiene un hijo terco y rebelde, que no quiere obedecer ni a su padre ni a su madre, a pesar de que ellos lo disciplinan. En un caso así, el padre y la madre tendrán que llevarlo ante los ancianos mientras estén juzgando en las puertas de la ciudad. Ambos padres les dirán a los ancianos: 'Este hijo nuestro es terco y rebelde y se niega a obedecer. Es glotón y borracho'. Entonces todos los hombres de esa ciudad lo matarán a pedradas. De ese modo limpiarás esa maldad que hay en medio de ti, y todo Israel se enterará y tendrá miedo».* (Deuteronomio 21:18-21).

Una de las cosas que debemos aprender de este versículo es que si nosotros como papás no les damos vara a nuestros hijos, alguien más lo hará. ¡Oops! La diferencia es que nosotros podemos hacerlo con amor, porque queremos lo mejor para ellos.

Con mi hijo tuve que ser firme. Dios me dijo que llegaría el día en el cual él sería mucho más grande y fuerte que yo, (yo soy muy chiquita, mido 1.50m), así que tenía que aprovechar mientras estuviera joven para corregirlo. Así fue, y por supuesto, fue mucho más fácil. Entre más jóvenes reciban varita, mucho mejor.

En la Biblia hay un ejemplo de un papá que tristemente no usó la varita mágica. Esto fue lo que pasó…

Ana estaba orando para que Dios le concediera su sueño de ser mamá. Ella le prometió al Señor que si le concedía tener un hijo hombre lo dedicaría a su servicio (1 Samuel 1:9-11). Dios se acordó de ella y le dio lo que había pedido con tanto fervor. Ana llamó a su hijo Samuel, porque dijo: «*Se lo pedí al Señor*». (1 Samuel 1:20).

Al mismo tiempo, se desarrolla otra historia muy triste. Es la historia de un padre sin visión, que no castigó ni disciplinó a sus hijos, y que no obedeció a Dios.

Elí había servido al Señor durante cuarenta años, pero como padre falló en que nunca corrigió a sus hijos Ofni y Finees. A pesar de que Dios le dijo que los castigara, él no hizo nada y sus hijos llegaron a cometer pecados horribles a los ojos del Señor.

«Ahora bien, Elí era muy viejo, pero estaba consciente de lo que sus hijos le hacían al pueblo de Israel. Por ejemplo, sabía que sus hijos seducían a las jóvenes que ayudaban a la entrada del tabernáculo. Elí les dijo: 'He oído lo que la gente dice acerca de las cosas perversas que ustedes hacen. ¿Por qué siguen pecando? ¡Basta, hijos míos! Los comentarios que escucho del pueblo del Señor no son buenos. Si alguien peca contra otra persona, Dios puede mediar por el culpable. Pero si alguien peca contra el Señor, ¿quién podrá interceder?'. Sin embargo, los hijos de Elí no hicieron caso a su padre, porque el Señor ya había decidido quitarles la vida. (1 Samuel 2:22-25).

Dios señala en Elí un error grave: «*... ¿Por qué menosprecian mis sacrificios y ofrendas? ¿Por qué les das más honor a tus hijos que a mí? ¡Pues tú y ellos han engordado con lo mejor de las ofrendas de mi pueblo Israel!*». (1 Samuel 2:29).

Elí se hizo el bobo, ¡como si no escuchara! Dios le había hablado, el pueblo se había quejado de sus hijos, y aun así, ¡no hizo nada! La historia tiene un final muy triste, en un solo día Elí perdió a sus dos hijos. Ellos murieron, Elí perdió su legado, pero lo más grave: perdió la presencia de Dios. «*Entonces los filisteos capturaron el arca de Dios y mataron a Ofni y a Finees, los dos hijos de Elí».* (1 Samuel 4:11).

Erradica el pecado, aunque duela

Todos los seres humanos venimos con una semilla de pecado, debemos erradicarla de nosotros mismos, de nuestros hogares y de nuestros hijos antes de que dé un fruto abundante. Para nosotros como padres es doloroso castigar a nuestros hijos, pero debemos recordar que erradicar el pecado por medio de la vara los va a librar del infierno y de la muerte. *«Pues la paga que deja el pecado es la muerte…»* (Romanos 6:23).

Nunca lo olvides, castigamos porque amamos. Dios nos ama, por eso nos disciplina. Dios odia el pecado, pero no nos odia a nosotros. En conclusión, la disciplina y la corrección no tienen que ver con mis sentimientos ni son devolver un mal con otro mal para que yo tenga mí descarga. La corrección debe ser santa, firme, verdadera, amorosa y con una consecuencia concreta que nuestros hijos puedan comprender.

Como papás debemos ser conscientes que incluso nuestros «hermosos hijitos» tienden al pecado. Es necesario erradicar la raíz del pecado y mitigar la rebeldía innata que hay en ellos. ¿Recuerdas que tenemos que conocer a nuestros hijos? Pues debemos estar atentos, porque también vamos a conocer sus tendencias pecaminosas y sus debilidades.

El castigo es doloroso y desarraigar el pecado va a costar, pero es necesario para alcanzar la vida eterna y no quedar descalificado de la carrera. *«Más bien, golpeo mi cuerpo y lo domino, no sea que, después de haber predicado a otros, yo mismo quede descalificado.»* (1 Corintios 9:27).

¿Quién manda a quién?

Nosotros mandamos a nuestros hijos, ellos no nos mandan a nosotros. Es cierto que debemos hablar, conversar y escucharlos, pero el rol de autoridad es de nosotros. Nuestros hijos adolescentes nos tienen que obedecer, no podemos permitir que nos desobedezcan. La obediencia a los padres es un mandato de Dios.

«Hijos, obedezcan a sus padres porque ustedes pertenecen al Señor, pues esto es lo correcto. «Honra a tu padre y a tu madre». Ese es el primer mandamiento que contiene una promesa: si honras a tu padre y a tu madre, «te irá bien y tendrás una larga vida en la tierra»». (Efesios 6:1-3).

Así estén creciendo y se sientan más «adultos», deben saber que la obediencia no es selectiva, no es en lo que a ellos les parezca o cuando les parezca.

No podemos permitir que nuestros hijos nos manipulen ni que se salgan con la suya. Ellos deber conocer la ley de acción-reacción, sus actos tienen unas consecuencias y deben que asumirlas. Dios no negocia sus principios, mucho menos pasa por encima de ellos. Él llama por su nombre al pecado y es claro con las consecuencias para quienes pecan, así como también es claro con los premios que reciben aquellos que se abstienen de pecar. Aprendamos de Dios el Padre.

¡Stop! Protocolo para usar la varita

Cuando nuestros hijos desobedecen o pecan, nos da rabia y sentimos ira, y eso es normal pero esos sentimientos no me pueden gobernar y ser el motor de la corrección de mis hijos.

Claro que disciplinarlos con amor no significa que estaré sonriendo (jajajaja). Significa que estaré en control.

Muchas veces necesitaremos contar hasta diez, pero el espacio para calmarnos no puede ser eterno. Se disciplina en el momento en el que ocurre el error, no cuando se olviden de qué pasó. No nos dejemos intimidar, no podemos ser como Elí.

La corrección debe ser en privado. Es bueno hacer preguntas como: «¿Crees que mereces este castigo? ¿Por qué? ¿Cuáles crees que van a ser las consecuencias de tus actos?». Llevémoslos a pensar en lo que hicieron mal.

* * * * * * * * * * * * *

Muchas veces necesitaremos contar hasta diez, pero el espacio para calmarnos no puede ser eterno

* * * * * * * * * * * * *

No se usan palabras de juicio u ofensivas.

Luego de la corrección debe venir una clara nueva oportunidad. ¿No es así cómo nos disciplina Dios? Podemos creer en nuestros hijos, así como Dios cree en nosotros y nos da una nueva misericordia cada mañana (Lamentaciones 3:23).

Démosles la oportunidad de explicar lo que pasó, de lo contrario, se abrirá una brecha en nuestra relación y no volverán a acercarse. Esto es lo peor que nos podría pasar, que se alejen de nosotros con una herida y un sentimiento de injusticia en el corazón.

No dejamos que la culpa del enemigo nos paralice por haber castigado a nuestros hijos. Dios siempre nos va a respaldar y a bendecir como padres si hacemos lo que nos ordena.

Diciendo y haciendo

Nuestros hijos siempre nos van a agradecer que nos preocupemos por ellos y que les demos dirección; esto nunca sobra.

Pídele a Dios que te ayude con esas situaciones que no sabes manejar y ora por ellos.

Preséntales a Jesús como su Señor y Salvador y confía en que él siempre los cuidará. Él es su Padre y los cuida y los ama más que nosotros.

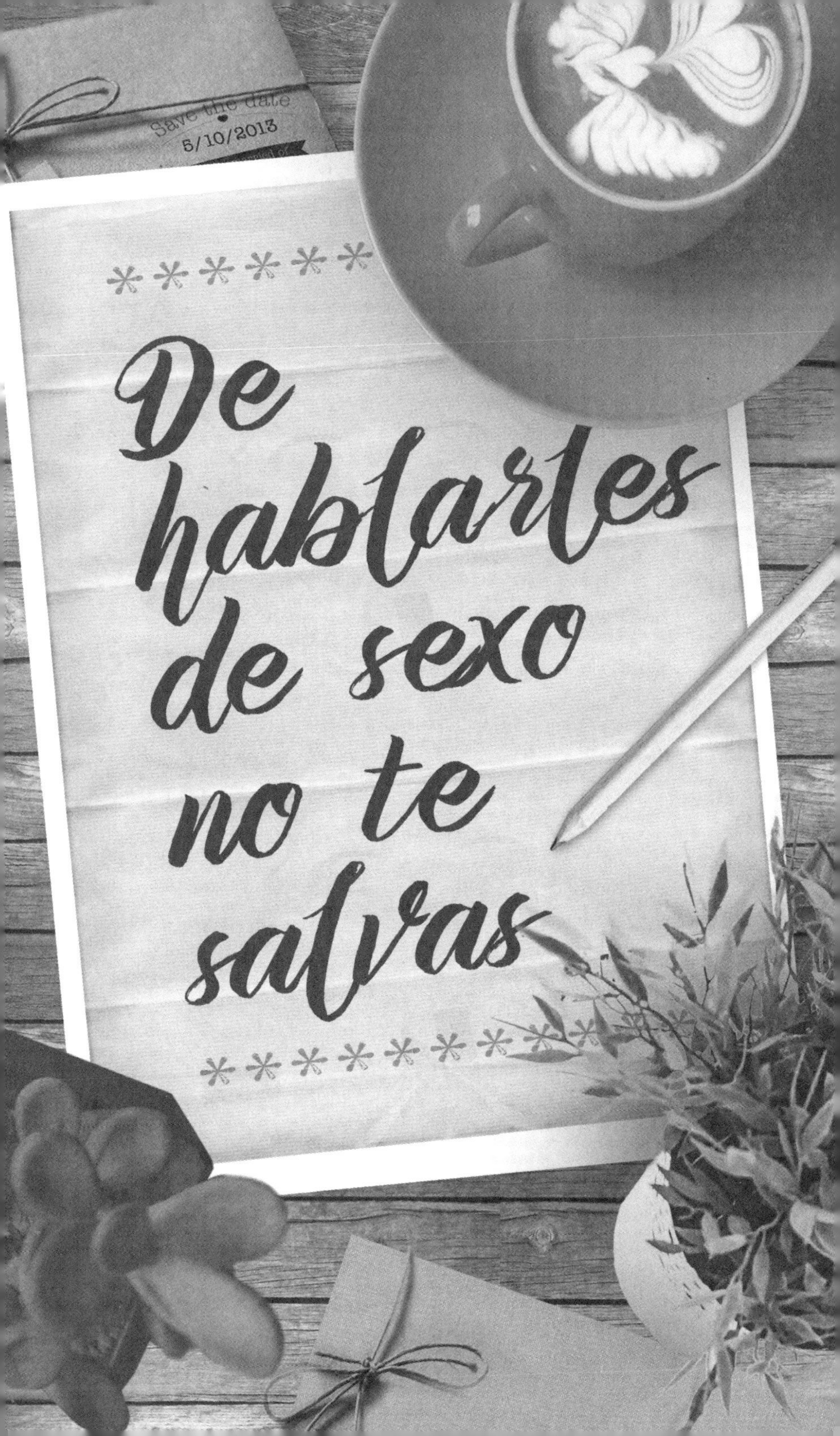
Save the date
5/10/2013
De hablarles de sexo no te salvas

¡Llegaste al último capítulo! Es un privilegio para mi estar aquí contigo. ¡Ser mamás es maravilloso!

Cómo compartimos hasta el momento, la adolescencia es una etapa que trae una serie de cambios en nuestro rol como mamás y también en la vida de nuestros hijos y esto incluye todas las áreas, incluso sus cuerpos. Nuestros hijos ya no son niños y niñas, sus cuerpos y sus comportamientos empiezan a parecerse más a los de un adulto.

En el caso de las mujeres, experimentan el crecimiento de los senos debido al trabajo de los estrógenos, producidos por los ovarios, y así se abre paso a la primera menstruación. También aparece vello púbico y en las axilas.

Los hombres empiezan a producir espermatozoides, el pene y los testículos crecen y torpemente inicia el gusto por el sexo opuesto. Las niñas que tanto odiaban ahora les parecen muy «interesantes».

El área sexual no se limita a la relación sexual como tal, incluye otros aspectos que deben ser abordados al instruir a nuestros hijos en este aspecto. Aunque no lo creas, es un trabajo que se inicia desde el momento en el que nacen.

El verdadero amor espera

Es nuestra responsabilidad reafirmar en nuestros hijos que Dios los diseñó hombres o mujeres, ellos deben saber que ese diseño es perfecto y que el Creador no se equivocó. Cada uno tiene una identidad única y extraordinaria, y los primeros que deben descubrirla son ellos mismos; con nuestra ayuda, por supuesto.

El diablo es el primer interesado en maltratar su identidad hasta el punto de destruirlos por completo, él quiere distorsionar la imagen que tienen de sí mismos para que no descubran el gran plan que Dios tiene con ellos.

Con el principio bíblico de que «el verdadero amor espera», podemos formar en ellos verdades y pautas fundamentales que protegerán su identidad y su concepción de la sexualidad:

- Sus hábitos y comportamientos propios del género masculino y femenino.

- El uso adecuado de su cuerpo y el respeto hacia el cuerpo de otros.

- El manejo de la privacidad.

- La forma de relacionarse con el género opuesto y con su propio género.

- La importancia de establecer límites y desarrollar el dominio propio.

- Identificar las motivaciones e intenciones detrás de sus actos.

- Lo trascendental de establecer un proyecto de vida y atravesar por cada etapa en el momento preciso.

Si ellos logran ser conscientes de estas cosas, van a entender por qué la mejor decisión que pueden tomar en su adolescencia es guardar su cuerpo y proteger su identidad. Dios quiere que lleguen a disfrutar su sexualidad a pleno y no que la arruinen antes de tiempo o que durante todas sus vidas tengan que batallar con recuerdos de malas decisiones de su pasado.

Somos diferentes

Así como el cuerpo de los hombres es diferente al de las mujeres, así mismo son diferentes nuestros roles y funciones. Un rol es *«un papel que alguien o algo desempeña[1]»*, para que desarrollemos bien ese rol que nos ha sido asignado debemos conocer las diferencias que hay entre un género y el otro, y desarrollar el carácter suficiente que nos permita lidiar con ellas. En este orden de ideas, se trata de equilibrar las diferencias y ser un complemento; Dios lo pensó así, y él no se equivoca.

✳ ✳ ✳ ✳ ✳ ✳ ✳ ✳ ✳ ✳ ✳ ✳ ✳

Las mujeres y los hombres somos igual de valiosos en el plan de Dios

✳ ✳ ✳ ✳ ✳ ✳ ✳ ✳ ✳ ✳ ✳ ✳ ✳

Dios es un Dios de orden, y fue él quien estableció los roles de los hombres y las mujeres al interior de un hogar. Lo hizo por nuestro propio bien y es un acto de altivez desatender o ignorar el orden que él quiso darle a su creación. Esto no tiene que ver con jerarquías o categorías. Las mujeres y los hombres somos igual de valiosos en el plan de Dios. La batalla que debemos ganar como cristianos es vivir los roles de hombre y mujer

---

1. Real Academia Española. (2014). Diccionario de la lengua española (23.ª edición). Madrid: España. Consultado el 19 de diciembre de 2017.

de acuerdo con la palabra de Dios y no según lo que la sociedad quiere imponernos.

El rol de la mujer

Tenemos el privilegio y el honor de ser las elegidas para dar vida, ¡podemos tener hijos! Eso quiere decir que somos las encargadas de cuidarlos y rodearlos con nuestro amor. Pero también somos las encargadas de inculcar en sus corazones el temor de Dios.

También tenemos la responsabilidad de hacer que nuestro esposo florezca, apoyándolo y creyendo en él en las buenas y en las malas mientras claro que él debe ser recíproco. ¡Es un ida y vuelta!

Tenemos la capacidad de desempeñar otros roles al mismo tiempo que somos mamás, pero debemos darle prioridad a nuestra familia por encima del trabajo y nuestra carrera profesional. ¡No es fácil! Y por eso debemos ser mamás high energy. Enfocadas en nuestros hijos, priorizando la familia, asegurando el bienestar de nuestro círculo íntimo y brillando con la luz de Cristo. ¡Qué bueno que contamos con su ayuda! ¿Cierto?

Fuimos diseñadas para ser artífices de la gracia de Dios en nuestras familias.

Somos las elegidas para edificar nuestra casa con la sabiduría que Dios nos da.

El rol del hombre

El hombre es el líder innato del hogar, es como el director de la orquesta. Los hombres nacieron para ser sacerdotes y guerreros. El hombre es el protector natural de la familia, aunque eso no significa que nosotros no nos sepamos defender. Para ellos es instintivo.

Los padres cristianos tenemos la preciosa responsabilidad de moldear hombres y mujeres que entienden y aman su género. Nuestro comportamiento diario en casa debe ser la inspiración para nuestros hijos. Sin querer, queriendo, el manejo de nuestra identidad sexual, los inspira o asusta. Todas las escuelas serias de psicología explican que desde muy temprano los roles sexuales son condicionados por el entorno y sobre todo la asignación inconsciente del ejemplo de los padres.

Si los roles al interior del hogar se distorsionan es muy probable que la sexualidad de los hijos también se distorsione.

Haciéndole frente a la sexualidad

Puede parecerte un tema incómodo de tratar con tus hijos, pero sea como sea, no podemos hacernos los locos frente a su sexualidad. Hay algunas mamás que piensan que sus hijos adolescentes ya son grandes y que no las necesitan, ¡error! Con todos los cambios por los que están atravesando es cuando más nos necesitan. Si los dejamos botados, el mundo se los va a tragar con sus mentiras y engaños.

Los papás de un adolescente de nuestra iglesia nunca quisieron afrontar el tema, pero el comportamiento de su hijo era inapropiado. Prefería pasar tiempo con las niñas porque pensaba que los niños eran muy bruscos, con el paso del tiempo llegó a interesarse más por las muñecas que por los carros de juguete. La situación llegó hasta el punto en que este adolescente negó por completo su identidad masculina y sin ninguna explicación válida cambió su género; él estaba convencido que la atracción que sentía por los hombres era normal.

¿Qué hubiera pasado si sus padres hubieran afrontado el tema a tiempo?

También conocí el caso de una adolescente que perdió a su papá cuando era niña a causa de un accidente automovilístico. Su mamá asumió las riendas del hogar y se concentró totalmente en sacar a su hija adelante y proveer todo lo que ella necesitaba; se preocupó tanto por el dinero que la niña pasó a un segundo plano.

Muchas noches no llegó a su casa por sus horarios de trabajo, mientras tanto su hija se quedaba al cuidado de cualquier persona y pronto empezaron a abusar sexualmente de ella. Como consecuencia, esta niña empezó a odiar a los hombres y como era de esperarse, a su mamá.

* * * * * * * * * * * *

El músculo sexual más poderoso es el cerebro

* * * * * * * * * * * *

En las dos historias noto un factor común: ausencia de papá. A lo largo de los años he conocido miles de historias de adolescentes con problemas de identidad, y cada vez me convenzo más de la importancia del hombre en el hogar.

He escuchado comentarios como: «Yo puedo vivir sin un hombre y sacar mis hijos adelante» y claro que cada historia es distinta y además hay temporadas. Si tu historia mientras lees este libro es que no hay un hombre a tu lado, te animo a ser fuerte y también a que no busques uno como muleta, pero Dios no se equivocó al establecer el matrimonio como la unión entre un hombre y una mujer. Los dos tenemos un rol determinado, y si los dos cumplimos con lo que nos fue asignado, nuestro hogar será una fortaleza en donde nuestros hijos van a estar protegidos de los planes del diablo en contra de su sexualidad.

Me duele ver cómo el diablo ha sacado a los hombres de sus hogares porque soy consciente del peligro al que están expuestos los hijos que crecen sin la figura paterna. Las mujeres se vuelven «súper mamás» mientras los hombres asumen una posición pasiva y ceden su autoridad, ¡esto no se supone que debería pasar! Lo más probable es que los hijos de una familia que vive bajo este modelo estén expuestos a sufrir ataques en su área sexual.

＊＊＊＊＊＊＊＊＊＊＊＊＊

Con Dios nunca es demasiado tarde

＊＊＊＊＊＊＊＊＊＊＊＊＊

Tenemos que ser conscientes que la capacidad sexual de hombres y mujeres se forma en la niñez y en la adolescencia y que el músculo sexual más poderoso es el cerebro.

Cuando una niña descansa confiadamente en los brazos de un papá amoroso, cariñoso y respetuoso, su espíritu entra en paz y aprende que un hombre puede bendecirla con su amor. Asimismo, cuando un niño se siente respetado, honrado y amado por su mamá, se sentirá motivado a tratar a las mujeres con admiración y comprensión.

Si nos equivocamos en la crianza debemos reconocer nuestros errores y trabajar en la restauración sin permitirnos acusación o culpabilidad. En este punto es reconfortante tomar decisiones para restaurar aquello que sufrió daños; recuerda, con Dios nunca es demasiado tarde, él es eterno así que tendremos siempre una nueva oportunidad.

¿Y ahora, qué hacemos?

Los hombres tienen que asumir su rol, dejar el ego, la pereza y la televisión (jajaja). Nuestros esposos deben tomar la bandera de su responsabilidad, no solo por ellos mismos, sino porque nosotras como esposas y nuestros hijos esperamos ansiosos ver su intención de tomar las riendas del hogar. Si ellos no lo saben, debemos decírselos; no está de más recordárselos de vez en cuando.

Mujeres, es cierto que estamos llenas de capacidades y talentos que nos pueden llevar a pensar que podemos hacerlo todo solas, pero no es así. Si tenemos una actitud de «todopoderosas» es probable que las culpables de la pasividad de nuestros esposos seamos nosotras. ¡*Ouch*!

En mi caso personal, debo decir: *«¿Qué sería de mí si mi esposo no tomara parte en la educación de nuestros hijos?»*. En muchos momentos he quedado el *shock* sin saber qué hacer, y ahí aparece mi esposo para dar un consejo sabio, para escucharme, para ponerse de mi lado y para hacerle frente al problema.

Andrés ha tenido que sentarse a hablar con Christy para explicarle la perspectiva de un hombre y su manera de pensar. También lo ha hecho con Daniel, de hombre a hombre; si me preguntas, no tengo idea de lo que hablan, pero los resultados son increíbles. Ahí ha estado su papá, afirmando el género y la identidad de mis hijos.

Mamá, es probable que estés leyendo este libro sola, y que no cuentes con un hombre a tu lado. Si este es tu caso, Dios tiene un mensaje para ti:

> *«No temas, ya no vivirás avergonzada. No tengas temor, no habrá más deshonra para ti. Ya no recordarás la vergüenza de tu juventud ni las tristezas de tu viudez. Pues tu Creador*

será tu marido; ¡el Señor de los Ejércitos Celestiales es su nombre! Él es tu Redentor, el Santo de Israel, el Dios de toda la tierra». (Isaías 54:4-5).

Pídele al Espíritu Santo sabiduría para saber si debes tener una nueva relación o formar un nuevo matrimonio. Algunas mamás en su afán de ocupar la posición de papá en el hogar terminan trayendo un «extraño» a casa, sin tener la seguridad de que esa persona asumirá correctamente el rol.

En mi opinión personal, la mejor persona que debe llenar el vacío de un papá biológico es el Padre Dios. Él es el mejor papá del universo, invitarlo a ser parte de tu familia te garantizará éxito y seguridad a ti y a tus hijos.

Sansón, tan fuerte y tan débil a la vez

Dios es especialista en prometer y cumplir. Esta podría ser la gran conclusión a la que llegaron Manoa y su esposa al recibir la promesa de tener un hijo y al poco tiempo tenerlo en sus brazos. Las instrucciones del Señor para criar a su grande y peludo hijo fueron claras: *«Así que ten cuidado; no debes beber vino ni ninguna otra bebida alcohólica ni comer ninguno de los alimentos prohibidos (…) Jamás se le debe cortar el cabello. Pues él será consagrado a Dios como nazareo desde su nacimiento. El comenzará a rescatar a Israel de manos de los filisteos».* (Jueces 13:4-5).

Sus papás cumplieron con lo que se les ordenó, pero a Sansón se le despertaron las hormonas y se enamoró de una filistea. ¿Qué? Los filisteos eran sus peores enemigos, esta mujer era prohibida para él, es más, se suponía que él llegaría a destruirlos un día.

Hubo algunos intentos de sus padres de estorbar ese «amor prohibido», pero Sansón insistió en estar con ella porque de verdad le gustaba. —*»Me gusta una joven filistea de Timna y quiero casarse con ella. Consíganmela».* (Jueces 14:2). Como malcriado el muchachito, ¿no? Y pensar que después se devolvió a vivir con sus papás porque la mujer lo fastidiaba con su forma de ser (Jueces 14:10-19).

Sansón era un hombre que tenía una fuerza sobrenatural, era musculoso y podía incluso matar leones con sus propias manos, pero su debilidad parecían ser las mujeres; incluso fue Dalila, la mujer de la que se enamoró por última vez, la que lo traicionó y fue la causa de su caída (Jueces 16:4-22).

Esta historia me provoca varias reflexiones.

Papá y mamá nunca le pusieron límites a su hijo. La Biblia dice que Manoa y su esposa no podían tener hijos (Jueces 13:2), es probable que ya se habían resignado a no ser papás cuando de pronto llegó Sansón. Existía una brecha generacional amplia y quizás era difícil para ellos conectarse con su hijo.

Al parecer sus papás nunca le explicaron a Sansón que no estaba bien andar detrás de una prostituta, y menos filistea. ¿Cómo fue esto posible? Sansón dio rienda suelta a sus deseos debido a la falta de disciplina, era esclavo de sus caprichos y abrió el grifo de su sexualidad de manera incorrecta y precipitada. Estaba destinado a ser un héroe, pero su área sexual fue piedra de tropiezo para alcanzar ese destino.

Sansón nunca trabajó con su carácter, olvidó que su fuerza no radicaba en sí mismo sino en el poder de Dios, y tuvo que tocar fondo para reconocerlo.

La triste historia de Sansón nos podría pasar a nosotros también si dejamos a la deriva las órdenes de Dios con respecto a nuestra área sexual y la de nuestros hijos.

Medicina preventiva

No existe una fórmula mágica para que nuestros hijos no se desvíen, pero creo que es necesario que le demos relevancia a las conversaciones que tengamos con ellos respecto al sexo y que estemos atentos a sus dudas.

Hay temas explícitos de los que quizás no necesitemos hablarles sino hasta que te lo pregunten porque debemos cuidar su mente y su corazón, pero nuestra casa debe ser el lugar al que pueden acudir en caso de que tengan preguntas o estén teniendo alguna lucha. ¡No nos escandalicemos! El sexo no es un tema prohibido ni vetado sino un regalo de Dios que debe ser protegido para que nos ayude a disfrutar la vida y no que nos la arruine.

Si en casa no hay respuestas, las buscarán en el lugar incorrecto.

Oremos e intercedamos todo el tiempo, Dios es el único que puede librarlos de las garras del mundo. Mantengamos el olfato activado para identificar cuándo se están acercando al fuego del pecado sexual.

Expresémosles nuestro cariño en cada oportunidad que tengamos, aunque sintamos que abrazamos a un témpano de hielo.

Detectemos a tiempo los vacíos emocionales de nuestros hijos. Los adolescentes tienden a llenar estos faltantes satisfaciendo su área sexual, por eso debemos estar presentes y guiarlos a la presencia de Dios, que lo llena todo en todo.

Las reglas con respecto al internet, al celular y al computador deben ser claras. Los papás determinamos el momento en el que nuestros hijos pueden tener sus propios dispositivos; el uso de la tecnología de manera autónoma implica responsabilidades y no quiere decir que no tengan que rendirnos cuentas. Y te lo digo claro, prohibir el internet no te llevará muy lejos pero asegurarte que el acceso es a determinadas horas o en determinado lugar es algo que definitivamente puedes establecer y negociar.

* * * * * * * * * * * *

Expresémosles nuestro cariño aunque sintamos que abrazamos a un témpano de hielo

* * * * * * * * * * * *

Nuestros hijos no pueden aprender de sexo por medio de sus amigos, de internet, redes sociales, pornografía o conversaciones sucias; estas cosas solo les venden una mentira. Nosotros somos los que debemos hablar de sexo con ellos, debemos llamar las cosas por su nombre y siempre decir la verdad. La pureza se logra por medio de la franqueza y de la honestidad y también puedes involucrar a sus líderes de la iglesia. Habla con ellos. Como dice mi amigo Lucas Leys, «todos necesitamos cómplices espirituales en la formación de nuestros hijos.»

Recuerda que el punto no es limitarlos porque el sexo sea malo, sino evitarles cualquier esclavitud para que pueda disfrutar la libertad de Dios ya que como dijo Jesús:

> *«Y conocerán la verdad, y la verdad los hará libres».*
> *(Juan 8:32).*

¿Cuál es esa verdad?

1. Dios diseñó la sexualidad como un regalo. El sexo es algo bueno, porque todo lo que Dios hace es bueno. *«Todo lo que es bueno y perfecto es un regalo que desciende a*

nosotros de parte de Dios nuestro Padre, quien creó todas las luces de los cielos…». (Santiago 1:17).

2. Tener relaciones sexuales no implica solamente tener contacto físico, sino que conecta la intimidad de dos personas y sus identidades. Mediante el sexo no solo se unen dos cuerpos, se une el espíritu de un hombre y una mujer para fusionarse de manera irreversible. *«Por eso el hombre deja a su padre y a su madre, y se une a su mujer, y los dos se funden en un solo ser».* Génesis 2:24 (NVI).

3. El sexo fue diseñado para disfrutarse con la seguridad del pacto matrimonial. Todo lo que se haga fuera del vínculo matrimonial es destructivo, por eso debemos cubrir la sexualidad bajo un pacto de exclusividad y fidelidad hasta la muerte.

Medicina curativa

Ahora, quizás alguna lectora se pregunta: ¿Y si ya tienen una vida sexual activa?

Ni el juicio ni la condenación los sacarán del error. Por favor, tengamos presente que siguen siendo nuestros hijos, no podemos rechazarlos si han pecado; eso no es del corazón de Dios.

Muchas veces he pensado qué haría frente a una situación de pecado sexual de alguno de mis hijos, y este es el pasaje que siempre viene a mi mente: *«Con amor inagotable y fidelidad se perdona el pecado. Con el temor del Señor el mal se evita»* Proverbios 16:6 (NTV).

Contrarrestemos con nuestra fe todo lo que el mundo les presentó a nuestros hijos con respecto al sexo o lo que las experiencias negativas marcaron en sus corazones. La única forma de corregir un mal comportamiento es identificando el pensamiento errado que lo produce. La mala conducta sexual tiene su origen en mentiras que le diablo ha logrado meter en su mente.

Tengamos misericordia de nuestros hijos. Esforcémonos por recuperar el tiempo perdido y hagamos todo lo que esté a nuestro alcance para restituir lo que sea necesario.

Palabras finales

Gracias por leer este libro. Ser mamás es una aventura y en el mundo de tantas tareas y distracciones como el de hoy, requiere de cada una de nosotras una energía especial. Esa energía que te hace una mamá high energy es el poder del Espíritu Santo. Él es una persona y también el *dunamis*, la dinamita de Dios.

Si tú y yo permanecemos pegaditas al Señor y abrazadas a su gracia, siempre contaremos con fuerzas extras para lograr los sueños de Dios en nuestras vidas y las de nuestras familias. De todo lo que compartimos en estas páginas, nunca te canses de decirle a quien Dios puso a tu cuidado lo mucho que significa para ti.

Ningún:

Te amo

Me importas

y

Creo en ti,

está de más...

* * * * * * * * * * * * * *

*Si tú y yo permanecemos pegaditas al
Señor y abrazadas a su gracia, siempre
contaremos con fuerzas extras para lograr
los sueños de Dios*

* * * * * * * * * * * * * *

Estemos con ellos siempre. Perseveremos firmes en convertirnos en la voz de sus consciencias, siendo esa voz que les recuerda la voluntad de Dios para sus vidas y que en él siempre tenemos nuevas oportunidades de una vida maravillosa.

Rocío Corson

Rocío está casada con Andrés Corson, ellos son los pastores fundadores de «El Lugar de Su Presencia», una iglesia en Bogotá, Colombia, que comenzaron siendo novios hace 25 años. Actualmente la iglesia cuenta con más de cuarenta mil personas y tiene un crecimiento permanente. Rocío es el corazón detrás de todo lo que se hace allí, su misión es poner a funcionar la visión que Dios le da al pastor. Fue injertada a una familia con legado ministerial y es la mamá de dos hijos hiperactivos Daniel y Christy, quienes son su ancla en la tierra. Sus hijos sirven a Dios desde pequeños y están involucrados en varios ministerios en la iglesia, ellos aman a Dios y la iglesia. Rocío es una mujer con mucho carisma, es efervescente, alegre y apasionada por Dios. A ella le gusta tomar cada mañana «café con Jesús» porque su pasión es Jesús y quiere contagiar a la nueva generación con esa misma pasión. Siempre le han encantado los adolescentes, tal vez porque es chiquita y los puede ver a los ojos, pero también porque ellos son honestos; ella sabe que lo que siembre en un adolescente va a dar un fruto para la eternidad. Rocío es amiga de sus hijos y le gusta tomar café con ellos y con su esposo. Por medio de éste libro práctico y alegre, y gracias a sus experiencias vividas con adolescentes, Rocío te quiere llevar a disfrutar y a amar a tus hijos.

ALGUNAS PREGUNTAS QUE DEBES RESPONDER:

¿QUIÉN ESTÁ DETRÁS DE ESTE LIBRO?

Especialidades 625 es un equipo de pastores y siervos de distintos países, distintas denominaciones, distintos tamaños y estilos de iglesia que amamos a Cristo y a las nuevas generaciones.

e625.com

¿DE QUÉ SE TRATA E625.COM?

Nuestra pasión es ayudar a las familias y a las iglesias en Iberoamérica a encontrar buenos materiales y recursos para el discipulado de las nuevas generaciones y por eso nuestra página web sirve a padres, pastores, maestros y líderes en general los 365 días del año a través de **www.e625.com** con recursos gratis.

zona de contenido
PREMIUM

¿QUÉ ES EL SERVICIO PREMIUM?

Además de reflexiones y materiales cortos gratis, tenemos un servicio de lecciones, series, investigaciones, libros online y recursos audiovisuales para facilitar tu tarea. Tu iglesia puede acceder con una suscripción mensual a este servicio por congregación que les permite a todos los líderes de una iglesia local, descargar materiales para compartir en equipo y hacer las copias necesarias que encuentren pertinentes para las distintas actividades de la congregación o sus familias.

¿PUEDO EQUIPARME CON USTEDES?

Sería un privilegio ayudarte y con ese objetivo existen nuestros eventos y nuestras posibilidades de educación formal. Visita **www.e625.com/Eventos** para enterarte de nuestros seminarios y convocatorias e ingresa a **www.institutoE625.com** para conocer los cursos online que ofrece el Instituto E 6.25

¿QUIERES ACTUALIZACIÓN CONTINUA?

Regístrate ya mismo a los updates de **e625.com** según sea tu arena de trabajo: Niños- Preadolescentes- Adolescentes- Jóvenes.

¡APRENDAMOS JUNTOS!

e625.com   📘 🐦 📷 ▶️ /e625COM

Sé parte de la mayor COMunidad de educadores cristianos

Sigue en todas tus redes a

/e625COM

CAPACITACIÓN MINISTERIAL
ONLINE DE PRIMER NIVEL

CONOCE TU CAMPUS ONLINE

www.institutoE625.com

Educación online
www.institutoe625.com

Libros Online

Escuela de Liderazgo
GENERACIONAL Y COACHING

Revista Lider 6·25

Suscripción de
materiales premium
para iglesias

Tienda con envíos
internacionales

www.e625.com te ofrece
recursos gratis

Seminarios para
iglesias locales

Eventos de
actualización
ministerial

Chat en
tiempo real

E625 te ayuda todo el año